# ELLES AUSSI ONT FAIT LA GRANDE GUERRE

Dreux
Septembre 16,

PAULINE RAQUILLET & VALENTINE DEL MORAL

# ELLES AUSSI ONT FAIT LA GRANDE GUERRE...

et tant d'autres choses extraordinaires!

illustrations Loïc Le Gall

À Suzanne,

À qui nos héroïnes souhaitent un joyeux anniversaire!

Amical Hommage des auteurs,

oskar
éditeur

**Auteurs : Pauline Raquillet & Valentine del Moral**
**Illustrations et conception graphique : Loïc Le Gall**
**Direction éditoriale : Françoise Hessel**

CRÉDITS PHOTOS
En couverture :
• Louise de Bettignies. L'épreuve originale a été retouchée après 1918.
Le photographe a ajouté sur le cliché les décorations attribuées à Louise de Bettignies à titre posthume © Rue des Archives/Taillandier
• Dames de la Croix Rouge équipées pour le front, 1914 / Agence Rol © Bibliothèque nationale de France
• Voyage de Sarah Bernhardt à Londres, arrivée à Douvres, 1921 / Agence Rol © Bibliothèque nationale de France
p. 14 : Louise de Bettignies. © Rue des Archives/Taillandier
p. 35 : Marie Curie conduisant un camion Renault converti en unité de radiologie © Süddeutsche Zeitung/Rue des Archives
p. 48 : Rosa Luxemburg © Lebrecht/Rue des Archives
p. 91 : Garde champêtre dans la Somme © Rue des Archives/Taillandier

*À Camille Jean, caporal du 23ᵉ Bataillon des Chasseurs Alpins,*
*mort pour la France à presque 21 ans, en juin 1915.*
*Frère préféré de mon arrière-grand-mère chérie qui m'offrait toujours*
*du chocolat dur comme de la pierre pour mon goûter.*

*À Thérèse « Néné » Kacy, 5 ans en 1918,*
*en mémoire de la magistrale paire de claques de Belzami.*

*À Vieux grand-père, Maurice de Rochecouste, plus qu'un quart de poumon en 1918,*
*qui monta les marches de Montmartre jusqu'à 99 ans et m'apprit à entamer le camembert.*

# SOMMAIRE

# INTRODUCTION

C'est à travers une galerie de 40 portraits de femmes célèbres ou inconnues, discrètes ou flamboyantes, héroïques par choix ou par hasard que les auteurs ont décidé de plonger leurs jeunes lecteurs dans l'histoire de la Première Guerre mondiale.

Ces 40 figures féminines ont pour point commun d'avoir été, chacune à leur façon et au même titre que les poilus, les héroïnes de la Grande Guerre. Si quelques-unes ont combattu l'arme au poing, la plupart d'entre elles se sont engagées dans le conflit de bien d'autres manières.

Scientifiques, médecins, artistes, pilotes, paysannes, écrivaines, photographes, suffragettes, employées, elles se sont révélées intrépides, téméraires, endurantes, audacieuses, ingénieuses, casse-cou.

Comme c'est rageant de n'avoir pu les rencontrer ! Elles nous auraient peut-être raconté leurs aventures. Mais le temps a passé. La dernière femme à avoir vécu la Grande Guerre, Florence Green, est morte en février 2012. C'était une Britannique, membre de la Women's Royal Air Force. Voilà pourquoi, Pauline Raquillet et Valentine del Moral ont souhaité redonner vie à ces femmes hors du commun, le temps d'un livre dédié à leur mémoire et à leur gloire.

***Elles aussi ont fait la grande guerre*** est à la fois l'occasion de participer au centenaire de la Première Guerre mondiale et la possibilité de promouvoir l'histoire d'une manière vivante auprès des jeunes lecteurs, garçons et filles, qui se projetteront dans la vie de ces femmes d'exception.

Avec ***Elles aussi ont fait la grande guerre*** les auteurs signent le premier titre d'une collection d'histoire pas comme les autres, qui met l'accent sur les femmes qui ont contribué à découvrir, façonner, gouverner et embellir notre monde.

# BÉCASSINE

**(1885 – )**

**HÉROÏNE DE BANDE DESSINÉE**

## UNIFORME

**Au début de la guerre de 1914-1918, les fantassins français sont vêtus d'un pantalon rouge garance, très visible de loin, et d'une capote de couleur gris bleuté. Ils partent au front la tête non protégée, couverte d'un simple képi. L'uniforme est désuet et particulièrement voyant.**
**Aux lendemains de la victoire de la Marne, l'état-major se décide enfin à adopter un uniforme plus adapté aux conditions de terrain. Ils optent pour un bleu-horizon afin de rendre les troupes moins visibles à l'ennemi. Au milieu de l'été 1915, le képi est remplacé par le casque Adrian, modèle 1915.**

Annaïck Labornez, plus connue sous le sobriquet de Bécassine, voit le jour en 1885 à Clocher-les-Bécasses en Bretagne. Le 2 février 1905, elle apparaît dans le premier numéro de *La Semaine de Suzette*, un magazine pour les petites filles. Bonne comme la romaine mais bête comme chou, elle transforme la vie quotidienne en aventures rocambolesques et exaspère souvent sa maîtresse, la marquise de Grand-Air, qui finit cependant toujours par lui pardonner ses bêtises.

## IMAGINEZ SEULEMENT…

La guerre de 1914 éclate. Bécassine se retrouve au cœur du conflit, au point de finir mobilisée ! Être gaffeuse n'empêche pas d'être sacrément courageuse. Elle aurait même tendance à être un peu trop téméraire ! Bécassine se laisse entraîner par ses créateurs, Caumery, Rivière et Pinchon, dans de nombreuses équipées folles. Ils n'hésitent pas à la parachuter en pleine bataille de Verdun ! Ses lectrices dévorent ses aventures dans *Bécassine pendant la Grande guerre* (1916) puis dans *Bécassine chez les Alliés* (1917) et enfin, en 1918, dans *Bécassine mobilisée*.

Or, comme chacun sait, Bécassine est assez Saint-Jean Bouche-d'Or ; elle a du mal à garder ses réflexions pour elle. Elle raille les « Boches » et dit carrément ce qu'elle pense de la bureaucratie militaire. Et ça, c'est très embêtant. Pendant un conflit, les gouvernements n'apprécient pas beaucoup que l'on démoralise les civils et, a fortiori, les soldats. C'est pourquoi la censure, qui contrôle ce qui s'écrit dans les journaux et dans les livres, réprimande les éditions Gautier-Languereau, qui publient les albums de Bécassine. L'héroïne a exagéré. Elle est un peu trop critique. Ses auteurs mettent de l'eau dans leur vin. L'honneur de la France est sauf, l'existence de l'héroïne préservée ! Bécassine échappe donc au couperet de la censure mais pas aux effets de ses bêtises qui font tant rire ses lecteurs. Elle frise parfois la catastrophe, comme le jour où elle se retrouve avec un revolver dans les mains et qu'elle tire cinq fois en quatre images. Pan ! Pan ! Pan ! Pan ! Et pan ! Bécassine ferme les yeux, sursaute, se tient la coiffe, se bouche les oreilles. En face d'elle, un infortuné soldat, en uniforme garance et bleu se contorsionne comme un beau diable pour échapper miraculeusement aux balles tirées par la Bretonne ! Pour un peu, il repartirait content dans sa tranchée…

### BOCHE

**Terme péjoratif utilisé par les Français pour désigner un Allemand. Le mot *bosh/boche* commence à se répandre dans l'argot militaire à partir de la guerre franco-allemande de 1870 et est popularisé par les poilus pendant la Grande Guerre.**

# SARAH BERNHARDT

**(1844-1923)**

**LA STAR DE THÉÂTRE AUX ARMÉES**

### TROIS COUPS

**Au théâtre, les trois coups sont frappés avec le brigadier, un bâton de bois traditionnellement décoré de velours rouge et de clous dorés, sur le plancher de la scène, pour attirer l'attention du public, juste avant le lever de rideau.**

Sarah est la première comédienne à avoir fait des tournées triomphales sur les cinq continents. L'écrivain Jean Cocteau* invente pour elle l'expression « monstre sacré », qui sera employée plus tard dans le cinéma à propos de stars internationales comme Marlène Dietrich.

Petite fille pauvre, née à Paris, Sarah est placée chez une nourrice à Quimperlé, où elle ne parle que le breton, avant d'être envoyée en pension au couvent à Versailles. Là, elle découvre sa voie : le théâtre. Belle et talentueuse, elle est bientôt adulée.

## IMAGINEZ SEULEMENT...

Avant la guerre, Sarah a bigrement abîmé son genou droit en sautant d'un parapet dans la scène finale de *Tosca*. En 1915, elle l'érafle à un clou rouillé lors d'une représentation du *Procès de Jeanne d'Arc*. La gangrène se déclare. Impossible de l'enrayer. Sarah est amputée de la jambe. Elle a 70 ans ! Arrêter le théâtre ? Jamais ! Elle jouera assise, c'est tout !

Elle refuse catégoriquement de porter une jambe de bois mais veut absolument rendre visite aux poilus sur le front. Aussi, en 1916, à Toul, on la transborde du train militaire à une chaise à porteurs blanche digne d'un trône. Un théâtre de fortune a été monté sur la place du village de Commercy. Pour accéder à la scène, une échelle. Pratique quand on est obligé de marcher à cloche-pied !

Trois mille poilus attendent dans la salle. Les mines sont maussades. Derrière le rideau, Sarah est déposée tant bien que mal au centre de la scène. Les trois coups retentissent. Le rideau se lève. Pas d'applaudissements ; pas de cris de délire comme Sarah en a l'habitude. À dire vrai, les poilus n'ont pas tellement envie de s'extasier devant une vedette, même de la trempe de Sarah. Ils sont hagards et épuisés. Sarah ne se formalise pas de cet accueil glacial. Loin d'elle l'idée de faire un caprice de star. Elle commence à déclamer ; sa voix prend des accents mélodramatiques inimitables. Au mieux de sa forme, elle poursuit, habitée par son texte. Les yeux commencent à se mouiller dans la salle. Elle entame la dernière partie de son texte qui s'achève sur : « Aux armes ! » Alors la musique attaque *La Marseillaise*, la comédienne se met à chanter, les soldats se redressent, l'applaudissent à tout rompre, l'acclament. Elle se soulève de son fauteuil et, humblement, salue. Remonter le moral des troupes, c'est ça, aussi, faire la guerre.

Sarah avait été faite membre de la Légion d'honneur en 1914 pour l'ensemble de sa carrière. Une Légion d'honneur attribuée d'avance pour son engagement pendant la guerre ?

### THÉÂTRE AUX ARMÉES

**Sur le front, de février 1916 à septembre 1919, le Théâtre aux Armées a donné à lui seul 1 172 représentations devant 1,5 million de spectateurs. Durant le conflit, plus de 4 500 spectacles ont été également montés à Paris.**

# LOUISE DE BETTIGNIES

**(1880-1918)**

**QUEEN OF SPIES**

### UNE ANECDOTE

**Le général allemand Erwin Rommel ayant constamment sur lui une photo de Louise de Bettignies expliqua en 1940 qu'il la « priait tous les matins de le garder dans l'Honneur ».**

### RÉSEAU

**Pendant la guerre, le réseau est un groupe de personnes qui travaillent ensemble dans la clandestinité et font acte de résistance.**

Vive, intelligente, débrouillarde, Louise ne manque pas de tempérament. En 1898, elle part pour l'Angleterre poursuivre ses études supérieures. À la mort de son père, elle revient à Lille. Fraîchement diplômée en lettres, parlant couramment l'anglais, l'allemand et l'italien, elle décide de faire un petit tour d'Europe, en devenant préceptrice dans de grandes familles aristocratiques. En Autriche, on lui propose même de s'occuper des enfants de l'archiduc François-Ferdinand.

Trop indépendante, elle refuse et retourne en France. Alors qu'elle s'installe dans le Pas-de-Calais, la guerre éclate.

## IMAGINEZ SEULEMENT...

Octobre 1914 : Lille est assiégée par l'armée allemande. Louise et sa sœur Germaine décident d'entrer en résistance. Sous le feu de la mitraille, elles nourrissent les soldats blessés et portent leur courrier. Ces missions ne suffisent pas à Louise qui s'embarque pour l'Angleterre. Le chef des services secrets, à qui elle se présente, est bluffé par son audace : elle est aussitôt recrutée.

Sans hésiter, il lui confie le nord de la France. Louise devient Alice Dubois et son réseau, le réseau Alice. Son efficacité est à toute épreuve. Avec sa complice, Léonie Vanhoutte, elle établit une carte de la région : comme dans le jeu de la Bataille navale, elle quadrille le territoire à l'aide de numéros et de lettres. Au fil des manœuvres allemandes, elle actualise sa carte et permet à l'aviation alliée de bombarder précisément les positions ennemies. Elle annonce aussi la préparation d'une gigantesque attaque allemande sur Verdun. Mais personne n'y accorde d'importance et l'information reste lettre morte !

Bien que surnommée *Queen of spies*, reine des espionnes, Louise-Alice est arrêtée en octobre 1915. Les Allemands respirent ! Elle leur a mené la vie dure et son arrestation est une aubaine. Le procès est expéditif. Elle est condamnée à mort.

Mais la récente exécution d'Edith Cavell a suscité tant d'indignation que l'Allemagne préfère commuer sa peine en travaux forcés à perpétuité. Elle refuse de travailler, de parler allemand et se retrouve souvent au cachot. Les Alliés n'arrivent pas à la faire transférer dans une autre prison. Les Allemands refusent toujours pour la même raison : « Elle nous a fait trop de mal. »

Au bout de trois ans, Louise tombe malade. Un médecin l'opère sans anesthésie, avec des instruments non désinfectés. Elle ne tarde pas à agoniser et meurt en juillet 1918.

Louise reçoit à titre posthume de nombreuses décorations. Le 20 février 1920, à Cologne, sa dépouille reçoit les honneurs militaires français et anglais avant d'être rapatriée en France.

### SŒURS D'ARMES

**Film de 1937, réalisé par Léon Poirier, qui retrace la vie et les exploits de Louise et Léonie pendant la guerre de 1914-1918. Léonie Vanhoutte, seule rescapée, assista à la première à l'Opéra de Paris. Elle fut ovationnée.**

### MOST EXCELLENT ORDER OF THE BRITISH EMPIRE

**ORDRE DE L'EMPIRE BRITANNIQUE**
**C'est un ordre de chevalerie du système honorifique britannique. Il est établi, en 1917, par le roi George V*. La devise de l'ordre est : « *For God and the Empire* », « Pour Dieu et l'Empire ».**

# MARIA BOTCHKAREVA

**(1889-1920)**

**L'AMAZONE RUSSE**

### AMAZONE

**Dans la mythologie grecque, les Amazones sont un peuple de femmes guerrières résidant sur les rives de la mer Noire. Il est dit que ces cavalières émérites se mutilaient un sein pour ne pas être gênées quand elles tiraient à l'arc.**

Fille de paysans de la région de Novgorod au sud de Moscou, Maria quitte sa maison à l'âge de 15 ans pour se marier avec Afanasy Botchkarev. Ils déménagent à Tomsk en Sibérie, où ils travaillent dur. Maltraitée par son mari, elle finit par s'enfuir. Elle ne tarde pas à rencontrer Yakov Buk, qui semble être un meilleur parti. Ensemble, ils ouvrent une boucherie. Mais Yakov est un escroc. Il se fait arrêter en 1912. Pour lui, c'est l'exil. Maria le suit fidèlement mais il devient alcoolique et violent. Une nouvelle fois, Maria prend le large.

## IMAGINEZ SEULEMENT...

Lorsque la guerre éclate, Maria veut combattre sous l'uniforme russe. Une de ses compatriotes, Nadejda Andreïevna Dourova, déguisée en homme, n'avait-elle pas déjà pris part aux campagnes contre Napoléon Ier et reçu la Croix de Saint-Georges de la main du tsar Alexandre ? Quant à Maria, c'est au tsar Nicolas II* qu'elle demande la permission spéciale de rejoindre, en novembre 1914, le 25e Bataillon de la Réserve de Tomsk de l'Armée Impériale Russe. Dès la permission accordée, elle est mobilisée. Les hommes du régiment se moquent d'elle et la traitent avec dureté jusqu'à ce que Maria fasse ses preuves lors d'un combat acharné. Yashka, surnom masculin de Maria dans l'armée, y a lutté comme un beau diable et a fait preuve d'un courage à toute épreuve.

Après l'abdication du Tsar en mars 1917, Maria obtient du gouvernement provisoire de créer une unité de femmes pour le combat, très vite surnommé « Bataillon de la mort ». Ce sera le premier bataillon féminin organisé en Russie. Deux mille volontaires postulent. Comme la discipline y est extrêmement dure, pas plus de trois cents femmes arriveront à intégrer ce groupe d'élite. Après un mois d'entraînement intensif, l'unité de Maria est envoyée se battre dans l'ouest de la Russie. Ses recrues font preuve d'un tel patriotisme que la majorité meurent au combat. Maria, leur chef, blessée, est évacuée vers l'hôpital de Petrograd et en ressort plus forte que jamais.

L'amazone russe ne tarde pas à rallier l'armée blanche. En octobre 1917, elle lutte avec quelques unes de ses camarades du « Bataillon de la mort » pour défendre le Palais d'Hiver tombé aux mains des bolcheviks. Capturées puis relâchées, le Comité révolutionnaire militaire bolchevique dissout officiellement ce bataillon de femmes en novembre 1917. Exilée aux États-Unis, Maria dicte ses mémoires à son compatriote, Isaac Don Levin. Publié dans les années 1920, son récit reste longtemps dans l'oubli.

### BOLCHEVISME

**Fraction du Parti ouvrier social-démocrate de Russie fondée en 1903 et dirigée par Lénine, elle se constitue en parti indépendant à partir de 1912. Les bolcheviks prennent le pouvoir au nom des soviets en octobre 1917 et fondent la République socialiste fédérative soviétique de Russie. En 1918, le parti est renommé Parti communiste.**

### ARMÉE BLANCHE

**Armée constituée, après la révolution, d'Octobre 1917 par les opposants restés fidèles au Tsar.**

# ROMAINE BROOKS

**(1874-1970)**

**PEINTRE FRANCOPHILE**

### LA CROIX-ROUGE

**Organisation internationale à vocation humanitaire fondée à Genève en 1863. En 1914, la Croix-Rouge regroupe trois associations : l'Union des femmes de France, l'Association des dames françaises et la Société de secours aux blessés militaires. En tout, cela fait environ 200 000 personnes.**

Née en Italie, Romaine Goddard est élevée aux États-Unis, loin de sa famille. À 12 ans, elle retrouve l'Europe, prend des cours de chant à Paris et de peinture à Rome. En 1902, elle hérite de la fortune familiale, part vivre à Londres et épouse – pas pour longtemps – John Brooks. Puis elle décide de s'installer à Paris pour peindre des portraits grandeur nature qui révèlent la personnalité de ses modèles, au grand dam parfois de ceux-ci. Elle se lie avec Jean Cocteau, artiste touche-à-tout, Natalie Barney, qui tient un salon littéraire réputé, et Gabriele D'Annunzio*, grand poète italien.

## IMAGINEZ SEULEMENT...

Comme tous les civils, Romaine lit le récit des terribles combats dans les journaux et discute avec les soldats en permission qu'elle rencontre. Avec son cœur d'artiste, elle ressent combien la terre française est meurtrie. Elle veut lui rendre hommage. Elle réfléchit. Non, elle ne peindra ni une scène de bataille, ni le portrait d'un soldat. Elle préfère utiliser une image, un symbole. L'idée fait son chemin.

Alors, comme à son habitude, Romaine choisit une toile de grande taille, 1,20 mètre sur 85 centimètres. Elle la pose sur son chevalet et prépare ses couleurs. Du noir pour la cape, les ombres, les cernes ; beaucoup de bleu pour les reflets du visage, la terre, le ciel ; du blanc, pour la chemise et la coiffe, et du rouge, un peu, pour un feu au loin mais surtout pour la croix cousue sur la cape. Romaine ne peint pas une infirmière mais un symbole, *La France croisée*, nom qu'elle donne au tableau. Si la croix évoque d'abord la Croix-Rouge, elle est surtout le signe d'une croisade moderne et sanglante.

Son ami et poète italien, Gabriele D'Annunzio, s'enflamme pour sa toile. Inspiré, il écrit en 1915, quatre sonnets publiés sous le titre *Sur une image de la France croisée*. Il y est question de grandes figures françaises comme Bertrand du Guesclin ou Godefroy de Bouillon. Les victoires militaires de Bouvines et de Rocroi y sont rappelées. C'est un succès. On apprend les strophes par cœur et on les récite avec émotion et fierté lors des manifestations patriotiques.

Le plus incroyable dans cette histoire, c'est de penser que cet élan d'amour pour la France vient d'une artiste américaine et d'un écrivain italien !

### LA FRANCE CROISÉE

**Romaine Brooks, 1914.**
Huile sur toile
© Smithsonian American Art Museum, Washington, États-Unis.

# CHRISTINA BROOM

**(1863-1939)**

**PHOTOGRAPHE DE TOMMIES**

## IF

*Si tu peux voir détruit*
*l'ouvrage de ta vie*
*Et sans dire un seul mot*
*te mettre à rebâtir,*
*Ou perdre en un seul coup*
*le gain de cent parties*
*Sans un geste et sans*
*un soupir ; [...]*

*Si tu peux rencontrer*
*Triomphe après Défaite*
*Et recevoir ces deux*
*menteurs d'un même front,*
*Si tu peux conserver ton*
*courage et ta tête*
*Quand tous les autres*
*les perdront,*

*Alors les Rois, les Dieux,*
*la Chance et la Victoire*
*Seront à tout jamais tes*
*esclaves soumis*
*Et, ce qui vaut mieux*
*que les Rois et la Gloire,*
*Tu seras un homme,*
*mon fils.*
[...]

Traduction :
André Maurois, 1918

Christina Livingstone est née à Chelsea, le quartier des artistes à Londres. Elle épouse Albert Broom en 1889. Son mari reste handicapé à la suite d'un accident. S'ensuit la faillite de la quincaillerie familiale. Christina ne baisse pas les bras. En 1903, à 40 ans, elle décide de changer de vie et devient photographe. Ses photos de l'inauguration du nouveau tramway à Westminster et du cheval gagnant du Derby d'Epsom se vendent si bien que Christina décide d'ouvrir un magasin. Elle y développe ses clichés qu'elle transforme en cartes postales. On se les arrache comme des petits pains.

## IMAGINEZ SEULEMENT...

Les militaires, Mrs. Broom les connaît bien puisqu'elle les photographie depuis belle lurette. Christina est en effet la photographe attitrée de la Household Brigade et des écuries royales. Mais, en 1914, ce ne sont plus des militaires fringants et radieux qu'elle accueille. Ce sont des soldats en partance pour le front, des familles qui se séparent, des jeunes gens soucieux qui se font tirer le portrait dans son studio. Les modèles repartent avec plusieurs tirages et des enveloppes pour pouvoir les envoyer à leurs familles et à leurs amis.

En août 1914, un jeune homme, qui n'a pas encore tout à fait 18 ans, se présente devant elle. Il s'appelle John mais ses parents l'appellent plus volontiers Jack. Christina s'apprête à le prendre en photo. Malgré une petite moustache, l'ovale de son visage trahit sa jeunesse. Particulièrement myope, il porte des lunettes aux verres très épais. C'est la raison pour laquelle il n'a tout d'abord pas été accepté ni dans la Royal Navy, ni dans la British Army. Grâce à son père, il a réussi toutefois à intégrer les Irish Guards. Son père ? C'est Rudyard Kipling*, l'auteur du *Livre de la jungle*. Pour Jack, alors petit garçon, il a écrit le très célèbre poème *If*. La mort dans l'âme, il lui dédiera un autre poème, *My Boy Jack*, après la bataille de Loos, lorsque son fils adoré sera porté disparu.

Mais, pour l'instant, Christina discute avec John. Les clichés développés, elle les lui tend en souriant. Il lui rend son sourire, la remercie, les met dans sa poche et s'en va. Elle le regarde s'éloigner, incrédule. Elle pense à ce que cette guerre leur réserve. En tant que femme, quelle sera sa place dans ce conflit ? Christina, qui depuis 1908 suit les réunions de suffragettes anglaises, est bien consciente d'un rôle à jouer dans cette guerre dont personne n'imagine encore l'ampleur. Elle y songera encore quand, en 1919, elle prendra en photo l'impressionnant convoi qui ramène le corps d'Edith Cavell sur sa terre natale.

### MY BOY JACK

*Avez-vous des nouvelles*
*de mon fils Jack ?*
*Pas avec ce courant.*
*Quand pensez-vous*
*qu'il reviendra ?*
*Pas avec ce vent fort,*
*et ce courant.*

*Quelqu'un d'autre a-t-il*
*entendu parler de lui ?*
*Pas avec ce courant.*
*Car ce qui a sombré*
*ne peut pas nager,*
*Pas par ce vent*
*et ce courant.*

*Oh mon Dieu ! quel*
*réconfort trouver ?*
*Aucun, pas avec cette*
*marée,*
*ni aucune autre. [...]*
*Sinon qu'il n'a pas*
*démérité...*
*Même par ce vent*
*et ce courant.*
[...]

**Jack Kipling**

# EDITH CAVELL

**(1865-1915)**

**LA RÉSISTANTE QUI NE MENTAIT PAS**

## JACK

**Le chien d'Edith, est recueilli à sa mort par sa grande amie, la princesse Marie de Croÿ, qui faisait partie de son réseau. Mort en 1923, il a été naturalisé en souvenir de sa maîtresse, déposé et exposé à l'Imperial War Museum de Londres, musée consacré à la Grande Guerre.**

Fille d'un pasteur évangéliste anglais, Edith reçoit une éducation très stricte. De prime abord un peu froide, c'est une personne dévouée et brillante. Elle devient infirmière puis se voit confier la direction d'un institut médical bruxellois pour élèves infirmières. Lorsque la guerre éclate, Edith décide de ne pas rentrer en Angleterre, préférant travailler dans une ambulance de l'armée belge. Et c'est à presque 50 ans qu'elle rejoint un réseau de résistance.

## IMAGINEZ SEULEMENT...

La princesse Marie de Croÿ (on prononce « Croui ») habite le château de Bellignies à la frontière belgo-française. Elle y cache des soldats français et anglais traqués par les patrouilles ennemies. Mais, dès novembre 1914, la grande bâtisse déborde de réfugiés. Marie cherche une solution. Elle entend parler du réseau d'évasion d'une certaine Edith Cavell. Marie et Edith entrent en contact et s'entendent. Bientôt les fugitifs de Bellignies reçoivent vêtements civils et faux papiers. Ils sont ensuite guidés jusqu'à la frontière hollandaise, où ils trouvent le salut. De novembre 1914 à juillet 1915, cette organisation fait de l'excellent travail avant d'être démantelée, victime d'une dénonciation.

Marie de Croÿ, Louise Thuliez, Jeanne de Belleville, Edith Cavell sont arrêtées et jugées. Debout, devant un tribunal militaire allemand, Edith avoue. Oui ! Depuis le début de la guerre, elle a accompagné des hommes en fuite, des Anglais, des Irlandais, des Belges, des Français. Oui ! Elle les a aidés à s'évader. Non ! Elle ne renie pas ses actes. On désigne Edith comme le cerveau du groupe. Elle accepte, persiste et signe. Elle reconnaît tout. Les Allemands se frottent les mains : cette Anglaise est impayable, elle dit toujours la vérité. Son avocat, malgré sa fougue et son expérience, reste impuissant. Le procès est expéditif, bouclé en deux jours, et le verdict tombe. Elle est accusée de haute trahison, on réclame sa tête et on l'obtient. C'est une condamnée à mort qui est reconduite dans la cellule 23 de la prison Saint-Gilles, en Belgique.

Dans un ancien camp d'entraînement de l'armée belge, le 12 octobre 1915, à deux heures du matin, le peloton d'exécution se prépare dans un bruit de cliquetis. Enveloppé par la pénombre, il attend les ordres. En face de lui, Edith se tient bien droite. *À mon commandement !* Un bandeau sur les yeux, elle se redresse. *En joue !* Elle ne tremble pas. *Feu !* Une salve retentit. Ses bras se lèvent, retombent. Elle s'écroule.

### UN SERMENT

**« Nous, citoyens de l'Empire britannique, nous déclarons que nous ne mettrons point l'épée au fourreau avant d'avoir vengé le meurtre de Miss Cavell. » L'exécution d'Edith a ébranlé toute l'Angleterre. Les Britanniques prêtent alors avec ferveur ce serment. Ils s'engagent en masse dans l'armée, grossissant les rangs des Alliés en France.**

# GABRIELLE CHANEL

**(1883-1971)**

**UNE COUTURIÈRE EN GUERRE… CONTRE LE CORSET**

**UNE CITATION**

**« J'ai rendu au corps des femmes sa liberté ; ce corps suait dans des habits de parade, sous les dentelles, les corsets, les dessous, le rembourrage. » Coco Chanel**

Lorsque sa mère meurt, Gabrielle a 11 ans. Son père l'abandonne. Placée dans un orphelinat pendant six années, elle mène une vie austère avant d'être envoyée à Moulins pour y apprendre le métier de couturière. En 1903, elle est placée dans un atelier de trousseaux et layettes. Mais, à 24 ans, Gabrielle rêve d'une autre vie et se met à pousser la chansonnette. Elle se produit en spectacle devant des officiers qui la surnomment « Coco », parce qu'invariablement elle chante *Qui qu'a vu Coco dans l'Trocadéro ?* Son expérience de chanteuse tourne court et Gabrielle retourne à ses premières amours, la couture.

## IMAGINEZ SEULEMENT...

En juillet 1914, à Deauville, là où se retrouve la haute société parisienne, Chanel dessine et coud son premier modèle. Sur sa lancée, inspirée par la tenue des matelots, elle crée la marinière pour femme. Le ton Chanel est donné ! Le 3 août 1914, la guerre est déclarée ; l'affolement est général. L'hésitation est de mise. Coco, elle, décide de laisser ouverte sa boutique. Elle attend son heure qui ne tarde pas à arriver. Les Parisiennes rejoignent précipitamment Deauville sans avoir eu le temps de faire leurs malles. Qui diable va pouvoir les habiller et les chapeauter ! Elles dénichent la boutique de Coco et la prennent d'assaut. L'étoffe manque ? Qu'importe ! Chanel taille ses modèles dans des jerseys, des sweaters de lads ou des tricots d'entraînement de jockeys...

En 1915, elle suit ses clientes sur la côte basque et ouvre une somptueuse maison de couture à Biarritz. Là, elle profite de la neutralité de l'Espagne pour s'approvisionner en tissu et main-d'œuvre. Coco ne perd pas le nord. Elle qui, dès qu'elle l'a pu, s'est habillée en garçonne, souhaite libérer le corps des autres femmes pour qu'elles puissent trotter, prendre le métro, courir après le tramway... sauter au cou de leurs fiancés qui reviennent en permission.

**Gabrielle Chanel à Deauville au début de la guerre.**

Elle invente la jupe-cloche, très large et qui découvre les chevilles. On ne tarde pas à appeler cette drôle de jupe, la « crinoline de guerre ». En 1916, Gabrielle profite d'un grand stock de jersey, tissu traditionnellement utilisé pour les vêtements de sport ou les sous-vêtements masculins, pour expérimenter ses premiers tailleurs et robes-chemises. Les dames de la jet-set s'inspirent de Chanel quand elles font réaliser leur tenue d'infirmière chez les grands couturiers à l'instar de Paul Poiret. Celui-ci n'en était pas à son coup d'essai puisqu'il avait déjà coupé l'uniforme d'infirmier de Jean Cocteau. Décidément, « à la mode de la guerre », les couturiers ont fait merveille.

# ANNA COLEMAN LADD

**(1878 - 1939)**

**SCULPTEUR DE GUEULES**

## GUEULES CASSÉES

**Cette expression a été inventée par le colonel Picot, le président de l'Union des blessés de la face et de la tête. Elle désigne les survivants de la Première Guerre mondiale gravement défigurés. Elle fait référence également à des hommes profondément marqués psychologiquement par le conflit et qui eurent de grandes difficultés à retrouver une vie normale.**

## ANAPLASTOLOGIE

**Art et science de reconstituer de façon réaliste une partie manquante du visage. Aujourd'hui, on fait des implants de chair et d'os. Mais autrefois, il fallait trouver des matériaux et faire preuve comme Anna de beaucoup d'adresse.**

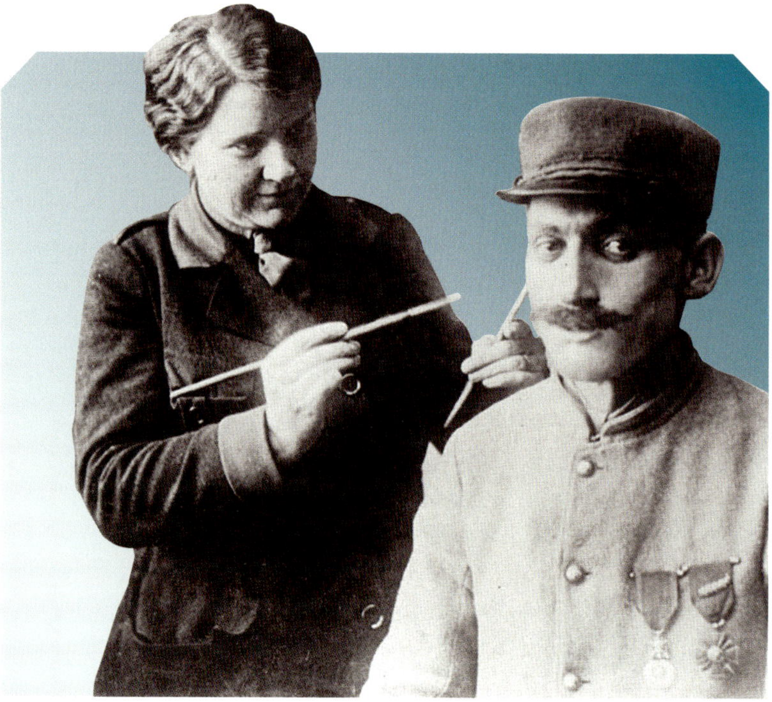

Anna est américaine. D'un tempérament très artiste, la petite fille grandit entre les États-Unis, la France et l'Italie. Elle devient un sculpteur renommé. La comédienne Eleonora Duse, la rivale de Sarah Bernhardt, considère que le buste qu'Anna a fait d'elle est le seul qui mérite d'être admiré... C'est la consécration ! À la fin de 1917, Anna ouvre à Londres et à Paris un atelier unique en son genre. Il s'agit du *Studio for Portrait Masks*, la « Fabrique à masques pour visage », mais que les Gueules cassées surnomment avec humour « The Tin Noses Shop », autrement dit « le Magasin des nez de fer. »

## COMME SI VOUS Y ÉTIEZ !

Un obus explose, les éclats broient votre mâchoire. Vous ne mourrez pas sur-le-champ, mais vous voilà défiguré à vie. Vivant oui, mais à quel prix ! Aussi, en 1917, cachant tant bien que mal par une écharpe le trou qui vous fait office de menton, vous poussez avec espoir la porte d'Anna Ladd. C'est un endroit lumineux donnant sur une cour égayée par des fleurs et du lierre grimpant le long des statues.

Madame Ladd a un caractère de cochon, mais elle a surtout un cœur gros comme ça et des mains virtuoses. Épaulée par quatre assistants, elle commence par prendre l'empreinte de ce qu'il reste de votre mâchoire. À partir de cette empreinte en argile, elle reconstitue le plus fidèlement possible le bas du visage qui était le vôtre avant l'explosion. Elle en fait ensuite un moulage d'où elle extrait un masque en cuivre extrêmement mince. Se référant à la carnation de votre peau, le métal est ensuite peint pour donner l'illusion de la réalité. Enfin, Anna ajuste la prothèse à votre visage à l'aide de lunettes factices dont les branches s'arriment fermement derrière les oreilles.

Le tour est joué. Aux yeux de tous, vous avez presque retrouvé votre tête d'avant. Certes, ce n'est pas miraculeux et cela reste un artifice, mais c'est déjà beaucoup.

Anna observe attentivement les soldats défigurés qui défilent dans l'atelier. Alors que, confiants, ils rient, fument, blaguent et discutent, elle étudie leurs difformités, les mâchoires et les nez manquants, les crânes et les orbites enfoncés, gravant dans sa mémoire les expressions de chaque visage. C'est aussi pour cela que son travail est remarquable.

Anna a soulagé plus de 100 gueules cassées et a développé l'anaplastologie. Elle est faite membre de la Légion d'honneur et reçoit la croix de chevalier de l'Ordre royal serbe de Saint-Sava.

### RED CROSS WORK ON MUTILÉS AT PARIS

**En 1918, un cinéaste filme Anna dans son atelier parisien. Le court-métrage est un témoignage poignant du travail de cette femme sculpteur d'âmes. Vous pouvez le voir sur Internet en tapant dans la barre de recherche : « Red Cross work on Mutilés at Paris (1918) ».**

# COLETTE

**(1873 - 1954)**

**L'ÉCRIVAIN POUR ENFANTS DE POILUS**

## UN LIVRE

***La Paix chez les bêtes*** **est un recueil de textes courts écrits par Colette dès le début de la Grande Guerre. L'écrivain y fait le portrait de chats et de chiens, de chats-huants et même d'une truie. Elle y met aussi en scène des animaux au service des soldats meurtris par la guerre.**

Colette,
*La Paix chez les bêtes*,
en livre de poche.

Sidonie-Gabrielle Colette est née 1873 en Bourgogne. Elle aime la campagne et les études. En 1893, elle se marie avec l'écrivain Willy. C'est à cette époque qu'elle envoie par-dessus bord ses deux prénoms et choisit son nom de famille comme nom de plume : Colette ! Ça sonne bien, non ? La jeune femme ne tarde pas à devenir célèbre. Au début de la guerre, Colette assure les gardes de nuit auprès des blessés soignés au lycée Janson-de-Sailly à Paris. Elle trouve aussi le temps d'écrire de nombreux articles sur la vie en temps de guerre, à l'arrière mais aussi sur le front, à Verdun, par exemple.

## IMAGINEZ SEULEMENT...

Le journal *Le Matin* a commandé à Colette un article pour l'édition du 25 décembre 1915.

Elle n'a pas envie d'écrire un papier comme tous les autres. C'est Noël tout de même ! Colette, les yeux au ciel, suçote le bout de son stylo et cherche une idée. Haute comme trois pommes, sa fille Bel-Gazou entre dans la pièce et fonce vers sa mère. Colette éclate de rire ! Mais oui, bien sûr ! C'est pour les petits enfants des poilus qu'elle va écrire son texte. Elle se met à l'ouvrage. Elle imagine un poilu privé de ses camarades, retranché dans un abri de terre et de bois, pendant la nuit du 25 décembre. Il a froid, si froid qu'il pense en mourir. Un rayon de lune éclaire une martre qui passe. Or, la voilà qui s'arrête et le fixe. Soudain, magie de Noël oblige, la petite bête s'adresse à l'homme frigorifié. Il ne mourra pas ce soir puisqu'il va pouvoir choisir la fourrure d'un des animaux qui se rassemblent, comme par enchantement, autour de la martre. Il pourra ainsi s'y emmitoufler.

Un des chats de la maison, attiré par le bruit de la plume qui glisse sur le papier, saute sur le bureau et commence à jouer avec la pointe du stylo. Le chat s'assoit en plein milieu de la feuille. Amusée, Colette s'arrête et le regarde faire ses minauderies. La lumière douce joue sur son pelage. Ah ! C'est ça ! Un chat ! Elle reprend son récit. Chaque animal vient donc vanter la qualité de son poil, plaignant sincèrement le brave poilu quand « le soldat ébloui crut que la lune elle-même lui rendait visite, lorsque la Chatte Blanche se posa, comme descend un flocon, sur sa couverture. »

C'est cette fourrure qu'il désire le plus au monde. La chatte s'exécute, quand le premier rayon du soleil perce jusqu'à son refuge et... Mais non, on ne dévoilera rien de plus. Si vous souhaitez le fin mot de l'histoire, vous n'avez plus qu'à lire ce *Conte pour les petits enfants des poilus* !

Colette met un point final à son texte et pose sa plume. Elle gratte le haut du crâne du chat qui ronronne, se lève et part retrouver Bel-Gazou.

### L'ARRIÈRE (DES LIGNES)

**L'arrière s'oppose au front. C'est là où vivent les populations civiles, s'organisent la réception et la distribution des vivres pour les soldats du front, s'établissent des hôpitaux pour soigner les blessés...**

# PEARL CORKHILL

**(1887-1985)**

**INFIRMIÈRE DES ANZAC**

### ANZAC

**Acronyme de *Australian and New Zealand Army Corps*, le Corps d'armée australien et néo-zélandais qui combattit pendant la Première Guerre mondiale aux Dardanelles contre les Turcs. Le terme d'ANZAC désigne toujours aujourd'hui les soldats australiens et néo-zélandais.**

### COMMONWEALTH

**Ensemble des nations unies par une commune allégeance à la Couronne britannique ou par la reconnaissance du souverain de Grande-Bretagne comme chef du Commonwealth. L'Australie, l'Afrique du Sud, le Canada sont, par exemple, des États indépendants appartenant au Commonwealth. C'est à ce titre que beaucoup d'Australiens sont venus faire la guerre en Europe.**

Avec Edith, sa sœur aînée, Pearl grandit paisiblement dans le ranch familial à Tilba Tilba en Australie, pays qui fait partie du Commonwealth. Leur père, éleveur, est photographe à ses heures perdues. Il se débrouille plutôt bien. Grâce à lui, il existe de nombreuses photos de Pearl enfant, puis jeune fille. Souhaitant devenir infirmière, elle entre comme étudiante à l'hôpital privé de Sydney. En 1914, elle a 27 ans et un diplôme d'infirmière en poche.

## IMAGINEZ SEULEMENT...

En juin 1915, Pearl rejoint le Service des infirmières de l'armée. Cette jolie fille aux yeux verts s'embarque pour l'Égypte sur un bateau militaire amarré dans le port de Sydney. À peine débarquée, elle prend son service à l'Hôpital général australien de Choubra. Là, elle soigne les survivants australiens de la terrible offensive de Gallipoli.

Puis Pearl est envoyée en France. C'est au travers des vitres du train qu'elle fait connaissance avec le pays qu'elle est venue aider. Le voyage est rude, peu d'arrêt, pas d'eau. Pearl se lave à l'eau de Cologne ! Au Havre, elle intègre une unité britannique. Ce n'est qu'en 1916, qu'elle rejoint l'Hôpital australien de Rouen. Son souhait le plus cher est alors exaucé : elle est de nouveau « *among our boys* », auprès de ses gars.

Lors d'une nuit de juillet 1918, une sévère attaque aérienne bombarde son camp sanitaire. Restant d'un calme olympien, Pearl continue d'accueillir les blessés comme si de rien n'était. Cela lui vaudra la médaille militaire, médaille que seules sept infirmières australiennes obtinrent au cours de la Grande Guerre. C'est avec une modestie désarmante qu'elle écrit à sa mère qu'une bouteille de champagne a été bue à sa santé, qu'un dîner a été organisé en son honneur. Elle raconte qu'elle ne voit pas ce qu'elle a fait pour mériter cela, et ajoute : « ... mais quand je l'ai dit, la seule réponse que l'on m'a faite est que beaucoup avaient reçu la même reconnaissance pour beaucoup moins ! »

En janvier 1919, Pearl rentre en Australie et continue à exercer son métier d'infirmière avec discrétion et professionnalisme. Quelques années plus tard, elle lègue à la *National Library of Australia* un bon nombre des plaques photographiques réalisées par son père entre 1890 et 1910. Une grande partie d'entre elles témoignent de la vie de tous les jours, des gens simples, des travaux quotidiens. Pearl fut, à n'en pas douter, la digne héritière de la vision altruiste de son père.

### GALLIPOLI

**La bataille de Gallipoli est aussi appelée bataille des Dardanelles, (février 1915 - janvier 1916). Pour les Alliés, le but de cette bataille est de s'emparer de la mer de Marmara et de Constantinople afin d'éliminer l'Empire ottoman de la guerre. Mais les combats tournent largement à l'avantage des Ottomans. Les Alliés sont obligés d'évacuer troupes et matériels. En Australie, on se rappelle la défaite de Gallipoli comme du baptême du feu de l'armée australienne. Une cérémonie se déroule chaque année à Gallipoli le 25 avril (ANZAC Day).**

# LUCIE COUSTURIER

**(1876-1925)**

**L'AMIE DES TIRAILLEURS SÉNÉGALAIS**

## TIRAILLEURS SÉNÉGALAIS

**Unités d'infanterie appartenant à l'Armée coloniale, constituées en 1857 et dissoutes au début des années 1960. Le premier régiment de tirailleurs africains voit le jour au Sénégal. L'expression concerne tous les Africains de couleur noire réunis sous le drapeau français. En 1914-1918, ce sont environ 200 000 tirailleurs sénégalais qui se battent pour la France, dont plus de 135 000 en Europe. Environ 15 % d'entre eux, soit 30 000 soldats, y ont trouvé la mort.**

Le journal intime de la jeune Lucie montre une franche inclination pour l'art. Elle devient l'élève de Paul Signac et l'amie de Georges Seurat. En août 1914, elle vit avec son père, son mari et son fils dans une maison isolée dans la campagne de Fréjus. Lucie peint et... élève des lapins. Le tapage de la guerre semble bien loin. Mais, en 1916, c'est le coup de tonnerre : tout autour de la maison et du jardin, on arrache des bois entiers d'oliviers centenaires pour implanter des camps de tirailleurs sénégalais. Ce n'est pas très patriotique mais Lucie ne peut s'empêcher d'être très en colère.

## IMAGINEZ SEULEMENT...

Une fois les terres arasées, les camps de tirailleurs voient rapidement le jour. Lucie suit de loin la vie de ces hommes noirs auxquels elle est confrontée pour la première fois.

Certains s'aventurent autour de la maison et jusque dans la cuisine de Lucie. D'autres posent leur musette sur un banc de son jardin et y mangent leur casse-croûte en observant les lapins qui les mettent en joie. La famille se lie bientôt avec Metey Saar, l'ordonnance du lieutenant, hébergé chez les Cousturier, puis avec Seydou N'Diaye, qui le remplace lorsque Metey est tué au front. À la ville, on colporte des ragots sur la violence et l'immoralité de ces Africains de France. Lucie, elle, tombe sous le charme de leur gentillesse et de leur lucidité. Ils sont conscients que le petit-nègre, leur langage, les ridiculise : « C'est français pour tirailleurs », reconnaissent-ils tristement. Lucie veut les sortir de cette « prison verbale ».

Passant de la théorie à la pratique, Lucie-peintre se transforme en Lucie-institutrice et obtient l'autorisation d'ouvrir une école dans sa maison. Elle s'emploie à enseigner le français standard aux tirailleurs. Lucie leur apprend à lire, à écrire et donne des lignes d'écriture à faire. Elle observe, avec son regard particulier d'artiste, les progrès d'Ansoumani, dont le jambage des premiers « M » ressemble à des « araignées de caves », de N'Golo, fasciné par les lignes du cahier, ou de cet autre qui compresse ses lettres à la manière d'un « troupeau de moutons qui ont peur du loup ».

L'aventure dure un an pendant lequel une confiance mutuelle se dessine. Peu à peu, les tirailleurs rejoignent le front de l'Est et les camps se vident. Déroutée, Lucie repense à ces mois partagés : « Aurais-je pu croire que précisément ces tirailleurs noirs seraient assez peu soldats, assez vivants, pour remplacer les arbres ? Qu'ils le seraient au point que leur départ pour la guerre, un an après, me causerait les mêmes remords que l'immolation des beaux oliviers ? »

### LA SUITE DE L'HISTOIRE

**Pour revoir quelques-uns des soldats qu'elle avait alphabétisés à Fréjus, Lucie décide en 1921 de partir pour l'Afrique occidentale française. Elle en rapportera de nombreuses toiles et des amitiés fortifiées. Plusieurs livres raconteront ses aventures en France et en Afrique. Elle est, à ce titre, précurseur de l'intérêt que les peintres et artistes de métropole auront pour les terres d'Outre-mer, au nombre desquels on compte les écrivains Paul Claudel ou André Gide, les peintres Majorelle et Fouqueray.**

# MARIE CURIE

**(1867-1934)**

**UNE SCIENTIFIQUE À L'ESPRIT PRATIQUE**

### UNE CITATION

**« Il faut croire que l'on est doué pour quelque chose et que cette chose, il faut l'atteindre coûte que coûte. »**
Marie Curie

### RADIUM

**Découvert par Pierre et Marie Curie en 1898, le radium est un métal dangereux provenant du minerai d'uranium. Il est luminescent et intensément radioactif. Il a des vertus thérapeutiques dans la lutte contre le cancer.**

Maria Sklodowska est polonaise. Brillante, elle passe son bac avec mention mais ne peut pas entrer à l'université de Varsovie, qui refuse les jeunes filles. Elle rejoint alors Paris et y prépare sa licence de mathématiques. Elle y rencontre le physicien Pierre Curie. Ils se marient. Ensemble, ils poursuivent d'importants travaux scientifiques. En 1903, ils reçoivent le prix Nobel de physique pour la découverte de la radioactivité. C'est la première fois que ce prix prestigieux est décerné à une femme. En 1911, Marie reçoit de nouveau le Nobel, pour ses travaux sur le radium.

## IMAGINEZ SEULEMENT...

C'est la guerre. Marie est inquiète : il faut absolument mettre le radium à l'abri. Voilà pourquoi elle se retrouve dans le wagon d'un train surpeuplé, avec sur les genoux une lourde caisse en bois et métal. Personne ne semble s'en étonner, tant l'agitation est grande, et c'est tant mieux ! À la gare de Bordeaux, elle est abordée par l'employé du ministère venu la chercher. Bien escortée, la caisse est finalement placée en sûreté dans une banque. Le radium qu'elle contient vaut au bas mot un million de francs-or ! Sa mission accomplie, Marie retourne à son cheval de bataille, le rayon X. Elle est remplie de fureur lorsqu'elle lit dans les journaux de l'époque « que les balles ne sont pas douloureuses. Leur vitesse et leur chaleur fait que l'infection n'est pas à redouter. » Elle sait aussi que, pour sauver quelqu'un, il faut agir le plus rapidement et le plus précisément possible.

### RAYON X

**Les rayons x sont une forme de rayonnement électromagnétique à haute fréquence. Ils ont été découverts en 1895 par le physicien allemand Wilhelm Röntgen. Marie Curie en a trouvé l'utilité et en a développé l'usage. Ses travaux ont donné naissance à la radiologie médicale.**

## COMME SI VOUS Y ÉTIEZ !

Une balle pénètre dans vos côtes; vous vous écroulez. Comme vous ne pouvez pas être transporté à l'arrière, Marie vient à vous. En effet, seuls les rayons X peuvent localiser avec précision la balle qu'il faut extraire. Pour ce faire, elle a astucieusement équipé plusieurs « petites Curie », ces voitures aménagées en salles de radiologie sur roues. On y trouve une couchette, des tubes pour « fabriquer » les rayons X, un écran à radioscopie, et un générateur électrique. Bref, en moins de deux, vous voilà pris en charge. Aidée de sa fille Irène, Marie actionne l'appareil. Elle tire un calque de l'image qui apparaît sur l'écran. Un assistant développe sur-le-champ le cliché. Grâce à l'opacité de la balle sur l'image, le projectile peut être repéré puis extrait sans que le médecin qui vous opère ait besoin de vous charcuter.

Pierre et Marie ont refusé la Légion d'honneur pour leurs travaux. Elle l'aurait en revanche acceptée si elle lui avait été donnée pour « fait de guerre » après la mise en place des « petites Curies ». Mais personne n'y songea.

**Marie Curie conduisant une "petite Curie"**

### FRANC-OR

**1 million de francs-or = 3,3 millions d'euros.**

# OCTAVIE DELACOUR

**(1858-1937)**

**UNE PAYSANNE À LA MÉMOIRE D'ÉLÉPHANT**

### LA GUERRE DE 1870

**Cette guerre franco-prussienne dura de juillet 1870 à janvier 1871. Elle opposa le Second Empire français au royaume de Prusse. La défaite française de Sedan entraîna l'exil de Napoléon III et la perte de l'Alsace-Lorraine. L'Empire fut bientôt remplacé par la République.**

Pendant la guerre de 1870, Octavie n'avait qu'une dizaine d'années mais elle se souvient bien de ces envahisseurs qu'on appelait alors les Prussiens. Quarante-quatre ans plus tard, rebelote : l'armée allemande investit le territoire français.
Guerre ou pas guerre, Octavie doit survivre. Son bûcheron de mari est mort, le travail se fait rare. Elle gagne sa vie comme nourrice de l'Assistance publique. Chaque matin, dès l'aurore, elle prend la route de Ferrières-en-Bray pour aller travailler. Le trajet est long. Alors, quand le temps est clair, elle coupe à travers la forêt de Lyons.

## IMAGINEZ SEULEMENT…

À travers bois, Octavie pense à la laine dont elle a besoin pour terminer son tricot et aux 15 kilomètres qu'elle doit parcourir. Elle parle à voix haute. Tout à coup, un soldat jaillit d'un fourré. Octavie croit bien mourir de peur. Elle porte ses deux mains à son cœur. Plusieurs autres hommes apparaissent à sa suite. Un officier la salue courtoisement et lui dit : « N'ayez pas peur. Nous sommes Anglais et en mission. » Octavie, qui a repris ses esprits, sent la supercherie. Cette langue qu'ils parlent entre eux, elle ne l'a pas oubliée, on dirait du prussien ! Fine mouche, elle fait semblant de croire à leur histoire.

Le faux officier anglais est en effet allemand. S'il se cache dans la forêt, c'est dans l'ambitieux dessein de détruire les ponts sur la Seine, de saboter les lignes de chemin de fer, de couper la liaison avec la Manche et de ralentir les renforts britanniques. Leur commando, qui a pour devise : « De l'audace, toujours de l'audace », a justement été choisi pour son efficacité et sa détermination.

Les Allemands, sûrs de l'avoir bernée, laissent repartir la vieille dame. « C'est pas Dieu possible c't'histoire ! Vite, mon Octavie, dépêche-toi à y tout dire au maire. » Le maire de Neuf-Marché, en entendant le récit un peu confus d'Octavie, reste les bras croisés. Il ne la croit pas et se moque gentiment de sa fable. « Ma bonne Octavie, tout le monde en croise des espions allemands par ces temps de guerre ! Ne vous montez pas le bourrichon pour si peu ! » Elle hausse les épaules, tourne les talons et file voir les gendarmes. Sept kilomètres de marche supplémentaires. Eux aussi sont sceptiques. Entêtée, Octavie calme sa respiration et leur raconte une nouvelle fois son histoire depuis le début. Pour la rassurer, les gendarmes empoignent leurs fusils et partent à la recherche de ces hypothétiques saboteurs. Ils ne tardent pas, à leur grande surprise, à les débusquer à quelques mètres du lieu indiqué par Octavie. Une bataille rangée s'engage. Le commando allemand finit par se rendre. Octavie Delacour reçoit la croix de guerre.

### CROIX DE GUERRE

**Dès le début de la Grande Guerre, le besoin de créer une nouvelle décoration pour les combattants s'est fait sentir. Ce n'est qu'en avril 1915 que le gouvernement adopte la Croix de guerre « un ordre récompensant la valeur militaire, mais en lui donnant un nom bref qui sonne clairement et qui, à lui seul, exclut la faveur de l'ancienneté ».**

# VALENTINE DENCAUSSE

(1871 – 1954)

VOYANTE AU SERVICE DE LA FRANCE

Née au XIXe siècle, Valentine devient l'une des plus étonnantes chiromanciennes du XXe siècle.

Assise dans un fauteuil Empire, Valentine reçoit toute l'Europe dans son salon de la rue d'Édimbourg, à Paris. Rebaptisée Madame Fraya, armée d'une loupe en nacre, elle détaille les lignes des mains de ses clients, posées sur un linge blanc.

Nombre de ses prédictions concernent l'Histoire avec un grand H. Par exemple, en 1914, elle affirme à Felix Youssoupoff qu'il assassinera quelqu'un de ses propres mains. Et, en effet, le 16 décembre 1916, à Moscou, Youssoupoff tue Raspoutine, le conseiller sulfureux du tsar Nicolas II.

## LES TAXIS DE LA MARNE

**Aux premiers jours de septembre 1914, le général Gallieni* et le général en chef des armées Joffre* s'aperçoivent que l'armée allemande montre des signes de faiblesse à l'Est. Pour que les troupes françaises puissent progresser et franchir au plus vite les 50 km qui les séparent des zones de combats, ils font réquisitionner des trains. Mais c'est insuffisant. Alors, le général Gallieni fait appel aux taxis de Paris. Ceux-ci sont réquisitionnés avec leurs chauffeurs le 6 septembre. Le 7, les automobiles se réunissent sur l'esplanade des Invalides et reçoivent l'ordre de quitter Paris par le Nord. 800 taxis acheminent environ 6 000 soldats de Paris à Nanteuil-le-Haudouin, sur le lieu d'une des plus célèbres batailles de la guerre de 14, la bataille de la Marne.**

## IMAGINEZ SEULEMENT...

En 1914, les pouvoirs de voyance de Madame Fraya sont unanimement reconnus. Pourquoi, dans ce cas, ne pas la consulter pour des questions de sûreté nationale ? Le ministre de la Guerre, Alexandre Millerand, qui n'a pas l'air de trouver l'idée bizarre, la fait convoquer en pleine nuit, tout début septembre. Quand elle arrive au ministère, Valentine se retrouve plongée dans un Conseil extraordinaire du gouvernement, en présence du président de la République, Raymond Poincaré*, et du président du Conseil, Aristide Briand*.

C'est la panique. L'ennemi est entré à Compiègne et marche d'ores et déjà sur Paris. L'armée française pourra-t-elle faire face ? Millerand se tourne vers Valentine et lui demande son opinion. Calme et sûre d'elle, elle affirme : « Un retournement inattendu va rétablir la situation, annonçant une future victoire. Sur un rêve que j'ai eu la nuit dernière, j'ai vu les Allemands reculer. Une date, en gros plan, s'imposait à moi, le 10 septembre. J'ai entendu cette phrase : « À partir du 10 septembre, le vent va tourner... Dieu va sauver la France. » Et, de fait, Paris n'est pas envahi. Les Allemands sont repoussés de plus de 100 kilomètres en six jours. Il faut reconnaître que la réquisition des taxis parisiens, les fameux taxis de la Marne, a quelque peu aidé à ce revirement !

À maintes reprises, Georges Clemenceau* et Raymond Poincaré recourront aux prédictions de Madame Fraya. Clemenceau la fit venir plusieurs fois dans son célèbre rez-de-chaussée de la rue Franklin. En 1917, le président Poincaré la reçut personnellement à l'Élysée. Alors que certains sceptiques lui en faisaient le reproche, il rétorqua : « J'irais recevoir le diable à l'Élysée s'il pouvait m'aider à gagner la guerre. »

### BATAILLE DE LA MARNE

**La bataille dite de la Marne débute le 6 septembre 1914. Du 6 au 15 septembre, cette bataille mobilise 820 000 soldats franco-britanniques qui s'opposent à 700 000 soldats allemands. Ces derniers sont repoussés et se retranchent derrière leurs positions. Le plan Schlieffen allemand qui prévoyait l'invasion de la France en six semaines est mis en échec.**

**Un film très court est visible sur ina.fr, en tapant dans la barre de recherche : « Départ des taxis de la Marne en septembre 1914 à Paris ».**

# MARLÈNE DIETRICH

**(1901–1992)**

**LE POUVOIR DES FLEURS**

**Marlène Dietrich dans les années 1930.**

Marie Magdalena est la fille cadette de Joséphine et Otto Dietrich, un officier prussien qui meurt en 1908. Ça file doux à la maison. On vise l'excellence, on parle anglais et français, on ne se plaint jamais, on s'intéresse à son prochain. Marlène se rêve espionne ou artiste. Elle a d'ailleurs des dons en chant et en musique. En 1912, âgée de 11 ans, Marie décide de changer son nom de baptême en Marlène, un plus joli prénom de scène pense-t-elle. En 1916, sa mère se remarie avec un officier de cavalerie. Marlène a 15 ans.

## IMAGINEZ SEULEMENT...

La guerre fait rage. À son tour, le beau-père de Marlène meurt au champ d'honneur en 1917. Sa mère range ses robes colorées et ressort pour la seconde fois sa garde-robe de deuil. Ses filles mêlent à leurs tresses de simples rubans noirs et enfilent un brassard de crêpe. La vie n'est pas drôle. De temps en temps, Marlène chantonne *Auprès de ma blonde* ou *Sur le pont d'Avignon*, que Mademoiselle Bréguand, son professeur de français, lui a apprises quand elle était petite. Elle a beaucoup aimé cette « mademoiselle », qui lui a inculqué l'amour de son pays. À 15 ans, Marlène considère d'ailleurs la France comme sa seconde patrie.

C'est le 14 juillet. Le soleil brille. Marlène lit tranquillement son livre d'histoire et tombe sur une page consacrée à la fête nationale française. Pour une coïncidence, c'en est une et de taille ! Elle se doit de célébrer cette date. Du coup, elle laisse là son livre grand ouvert et se met à courir vers le jardin de la maison familiale. Elle cueille une brassée de roses blanches, rentre revêtir sa plus jolie robe, puis repart aussitôt les bras chargés de son bouquet. Elle se dirige au pas de course vers le camp de prisonniers qui est tout proche de chez elle. Elle commence par glisser une à une les roses que les détenus français saisissent à travers les barbelés, puis lance le reste par-dessus la clôture. Les bras se tendent, les sourires s'affichent. C'est un ange qui donne un peu de réconfort à ces prisonniers de guerre fatigués. De l'autre côté de la clôture, la jeune fille est émue au plus profond d'elle-même.

L'histoire veut qu'en mémoire de ce fameux après-midi Marlène Dietrich,devenue l'immense actrice et chanteuse que l'on sait, un *monstre sacré* comme disait Cocteau, n'ait jamais demandé autre chose que des roses blanches à la fin de ses récitals. Il ne s'agissait pas là d'un caprice de diva mais plutôt d'une fidélité à un beau souvenir de jeunesse.

## UNE ANECDOTE

**En 1933, Marlène Dietrich, la star internationale du film *L'Ange bleu*, revient d'Hollywood à bord du paquebot Europa. Vers la fin du diner, le commandant ordonne aux convives de se lever avant de déclarer : « Le Führer va parler. » Tout le monde s'exécute sauf Marlène qui reste assise pendant tout le temps de la radiodiffusion du discours. Marlène refuse d'achever le voyage et débarque à Cherbourg. Elle expliqua : « Cette voix me faisait peur. Ce qu'elle disait me révulsait. Dès cet instant je l'ai haïe et j'ai récusé l'Allemagne. J'étais une Allemande, mais je refusais d'être solidaire des monstruosités qui allaient s'accomplir. » Elle ne retournera en Allemagne qu'en 1960.**

# GRACE GASSETTE

**(1871-1955)**

**L'ARTISTE PROTHÉSISTE**

### TOMMY (-IES)

**Surnom donné aux soldats anglais.**

### POILU

**Le mot « poilu » comme l'expression « un brave à trois poils », désignaient autrefois en argot quelqu'un de courageux. Déjà les grognards de la grande armée de Napoléon étaient ainsi surnommés. Les soldats français héritent de ce surnom qui leur va comme un gant, puisqu'ils ne pouvaient pas, dans les tranchées, se raser quotidiennement.**

Grace est née à Chicago. Très tôt, elle devient peintre et sculpteur. Le dessin d'anatomie la passionne et elle ne manque jamais une séance de pose de nus. Avec sa mère qu'elle adore, Grace mène sa vie d'artiste entre l'Amérique et la France. Les années 1910 la consacrent comme une artiste accomplie. Lorsque la guerre éclate, Miss Gassette est à Paris. Ni une, ni deux, elle organise le service d'ambulance américaine. Si elle profite de sa fortune pour subventionner, entre 1914 et 1918, plusieurs hôpitaux militaires, elle contribue surtout à révolutionner l'orthopédie militaire.

## IMAGINEZ SEULEMENT...

Les nombreux soldats qui arrivent en miettes dans les hôpitaux poussent Grace à mettre son art au service de la médecine. À l'aide de ses connaissances en matière d'anatomie humaine, elle va inventer plus d'une cinquantaine de prothèses. Elle travaille en équipe avec les médecins de l'Hôpital américain de Neuilly, qui expérimentent de nouvelles techniques pour être capables de réaliser les projets de l'artiste. Au sein du Comité franco-américain contre les impotences fonctionnelles, elle crée son propre atelier, embauche un designer et suit pas à pas la fabrication de chacune de ses inventions.

Il sortira de l'atelier : des attelles pour soutenir bras ou jambes, des structures articulées permettant d'étirer un membre immobilisé, des avant-bras de substitution.

Pour atteindre son but, elle utilise le cuir, le bois, l'aluminium et le caoutchouc. Elle les associe et les combine. Chaque blessure photographiée et radiographiée est étudiée sous toutes les coutures, afin que la prothèse soit la mieux adaptée au patient à qui elle est destinée. La science orthopédique est en marche !

Les soldats qui ont entendu parler de cette Miss Gassette, « l'artiste qui répare les soldats cassés », glissent dans la poche de leur veste d'uniforme un message suppliant celui qui les trouverait sur le champ de bataille, encore vivants mais en charpie, de les conduire auprès d'elle. Plus de 8 000 poilus et tommies bénéficieront des techniques de Grace.

En 1917, Grace devient membre de la Légion d'honneur pour ses services rendus durant la guerre. Dans les années vingt, Raymond Poincaré, président du Conseil, se déplacera en personne jusqu'à son prieuré à Bazainville, dans les Yvelines, pour lui exprimer, de vive voix, ses remerciements.

### LE MUSÉE DE LA GRANDE GUERRE DU PAYS DE MEAUX

**Ce musée montre entre autres les traumatismes infligés aux corps des soldats. Pour la première fois dans l'histoire, ils ont dû affronter des armements modernes dont la puissance de feu les a rendus physiquement et psychiquement très vulnérables.**

www.museedelagrande-guerre.eu

# BLANCHE LAVALLÉE
# YVONNE BAUDRY

**(1891-1969) – (1875-1947)**

**BLUEBIRDS' GIRLS**

### BLUEBIRDS

**« LES MERLES BLEUS »**
**Surnom donné aux infirmières militaires canadiennes qui servirent dans le Corps de santé royal canadien pendant la Grande Guerre. Elles étaient les seules infirmières à avoir le rang d'officier au sein des armées alliées. Leur uniforme bleu royal et leur voile blanc leur valurent ce surnom de Bluebirds.**

Yvonne et Blanche comptent parmi les deux mille cinq cents infirmières militaires canadiennes qui ont servi en Europe pendant la guerre. Blanche a fait ses études d'infirmière à l'école Jeanne-Mance de l'Hôtel-Dieu à Montréal, et Yvonne, au *St. Luke's General Hospita*l d'Ottawa. Blanche s'engage le 9 mars 1915 dans le *Medical Corps of The Canadian Expeditionary Force*. Yvonne la suit en janvier 1916 après avoir fait ses adieux au dispensaire de Grosse-Île, au Canada.

## IMAGINEZ SEULEMENT...

En mars 1915, Arthur Mignault, physicien de Montréal, obtient la permission de fonder un hôpital militaire de langue française en France. Dans la foulée, il recrute médecins et infirmières francophones. Les *Bluebirds* arrivent peu à peu sur le terrain. L'infirmière en chef Baudry et l'infirmière Lavallée intègrent l'Hôpital canadien-français de Saint-Cloud. Dès leur arrivée, elles comprennent que la tâche est redoutable : les blessures sont graves, souvent inédites, l'hygiène déplorable, le rythme insoutenable, la boue omniprésente, les rats et les mouches, légion.

Yvonne est transférée à Troyes à partir de janvier 1917. Au mois d'avril, alors que débute la bataille du chemin des Dames, elle voit affluer des convois de centaines de patients à l'hôpital Laval, l'Hôpital général canadien n° 6. Les blessures causées par les shrapnels et les fragments d'obus s'infectent rapidement. Dans la seule journée du 30 mai 1918, 224 Français et Britanniques sont admis à l'hôpital. Yvonne inscrit dans son rapport que les trois infirmières des salles d'opération ont travaillé plus de cinquante heures consécutives. Entre janvier 1917 et juin 1918, les infirmières auront fait plus de 140 000 pansements. Pour Blanche et Yvonne, c'est le même régime. Le travail dans les hôpitaux militaires est exténuant. Elles n'échappent ni aux maladies, ni à la malnutrition. Blanche maigrit à vue d'œil et son état de fatigue est tel, qu'en décembre 1917 on la rapatrie pour épuisement. Mais, entre-temps, sa beauté et sa ferveur ont touché le dessinateur Richard George Mathews, qui a fait son portrait en juin 1916. Un bel et jeune aviateur, Henri Trudeau l'a même demandée en mariage. Elle a dit oui !

Saines et sauves au sortir de la guerre, Yvonne et Blanche témoignent de leurs souffrances, qui n'ont rien à envier à celles des soldats dans les tranchées. Blanche est envoyée à Washington pour persuader le Congrès que les infirmières des États-Unis, à leur exemple, méritent d'obtenir un grade militaire.

### LA BATAILLE DU CHEMIN DES DAMES

**Le chemin des Dames, entre Soissons, Laon et Reims, est un plateau qui représente un bel observatoire pour les Allemands qui l'ont transformé en forteresse dès 1914. Le général Nivelle veut percer la ligne du chemin des Dames pour reprendre du terrain. L'offensive, lancée le 16 avril 1917, se poursuit pendant des semaines. C'est une hécatombe humaine. Nivelle est remplacé par le général Pétain* qui change de stratégie. Le 24 octobre 1917, une dernière offensive est menée. L'armée française conquiert enfin des positions stratégiques sans toutefois réussir à briser la ligne de front.**

# DOROTHY LAWRENCE

**(1896 - 1964)**

**REPORTER DE GUERRE**

## GÉNIE

**Dans l'armée de terre, arme chargée des travaux relatifs aux voies de communication et à l'aménagement des terrains.**

## UNE CITATION

**« Je vais voir ce qu'une petite Anglaise ordinaire, sans recommandations ni argent, peut accomplir. »**
Citation attribuée à Dorothy Lawrence.

Dorothy a très envie de devenir une grande journaliste. Avant que la guerre éclate, elle réussit à placer quelques articles dans *The Times*, journal anglais très réputé. En 1914, elle voit dans la guerre qui débute une occasion de montrer de quoi elle est capable. Elle se débrouille pour se rendre à Paris avec une seule idée en tête : partir sur le front et devenir reporter de guerre.

## IMAGINEZ SEULEMENT...

En France, Dorothy rencontre de jeunes compatriotes anglais dont elle fait ses complices. Ils lui coupent les cheveux et lui foncent le visage au cirage. De faux papiers au nom de Denis Smith et un uniforme achèvent la transformation. Dorothy a l'allure d'un garçon. Sans difficulté, elle est engagée dans le 1er bataillon du régiment d'infanterie de Leicestershire et part pour le front.

Tom Dunn comprend cependant que Denis est en fait une fille. Il décide de la couvrir en lui procurant un travail dans son unité du génie. La voilà creusant des tunnels et posant des mines. Dorothy est loin d'avoir la force physique d'un garçon. Sa nouvelle vie est terriblement éprouvante. Épuisée et affamée, elle finit par se dénoncer à ses supérieurs. Scandale ! Il y a une femme dans la troupe !

L'armée britannique est en émoi. Sous quel chef d'accusation condamner Dorothy ? On lui reproche tout d'abord d'être une espionne. Elle devient donc prisonnière de guerre. Transférée à Calais, elle se trouve face à une vingtaine d'officiers qui l'accusent cette fois d'être une fille de joie. Elle s'insurge. Trop, c'est trop. Bon sang, que faudrait-il leur dire pour être crue ? D'accord, elle a menti, mais c'était pour la bonne cause. N'a-t-elle pas été un soldat compétent ? N'est-elle pas montée, comme les autres, au front ? L'armée ne sait plus que penser de cette energumène. Certes, elle a fait preuve d'un art consommé du déguisement, mais elle a aussi montré beaucoup de courage. L'état-major se concerte. Le verdict tombe : on l'enverra au couvent, mais non sans lui avoir fait promettre de ne pas écrire une ligne sur son expérience de soldat. Aussitôt dit, aussitôt fait. Passée de la casquette à la cornette, Dorothy tiendra parole.

Au moment de l'Armistice, Dorothy, libérée de sa promesse, publiera ses Mémoires en grande partie censurés. Conservés à l'Imperial War Museum à Londres, ils seront redécouverts et retranscrits dans leur intégralité.

### IMPERIAL WAR MUSEUM

**Inauguré en 1917, le Musée impérial de la guerre à Londres est consacré aux conflits que connut la Grande-Bretagne au xxe siècle. Pour ce qui concerne la Première Guerre mondiale, on peut, par exemple, visiter une reconstitution des tranchées de la Somme.**
www.iwm.org.uk

# ROSA LUXEMBURG

**(1871-1919)**

**LA MILITANTE ÉCLAIRÉE**

### LA LIGUE SPARTAKISTE

**Mouvement politique d'extrême gauche marxiste révolutionnaire, actif en Allemagne pendant la Première Guerre mondiale et le début de la révolution allemande en 1918. Ses principaux fondateurs sont Karl Liebknecht et Rosa Luxemburg. La Ligue forme ensuite en décembre 1918 le Kommunistische Partei Deutschlands (KPD, Parti communiste d'Allemagne). La Ligue spartakiste tire son nom de Spartacus, meneur de la plus grande rébellion d'esclaves qu'ait connue la République romaine.**

Rosa naît dans un milieu favorisé mais dans une Pologne sous domination russe. Sa condition de femme juive polonaise ne lui facilite pas la tâche pour faire des études. Mais rien n'arrête Rosa ! À 16 ans, elle commence même à militer dans une organisation révolutionnaire clandestine. À la fois journaliste, parfaite maîtresse de maison, polyglotte, mélomane, aimant la littérature, la mode et la cuisine, Rosa est aussi une féroce oratrice politique et une agitatrice. Cette toute petite femme, que la tuberculose avait rendu boiteuse, devient l'égérie du Parti social-démocrate d'Allemagne.

## IMAGINEZ SEULEMENT...

Rosa sent bien que la guerre n'est pas loin. En septembre 1913, elle prononce un discours pacifiste enflammé devant un parterre d'ouvriers allemands : « Ne prenez pas les armes contre les ouvriers d'autres nationalités ! » Cela lui vaut de passer en jugement pour « incitation publique à la désobéissance ». Lors de son procès, du haut de sa petite taille, Rosa se défend bec et ongles. Son éloquence lui vaut une célébrité nationale. Elle n'échappe cependant pas à la prison. Incarcérée en février 1915, elle ne se laisse pas abattre et continue à écrire. Elle fait passer clandestinement ses *Lettres de Spartakus*, qui circulent bientôt à plus de 30 000 exemplaires.

Libérée en février 1916, elle recommence aussitôt à militer. Lors d'une réunion spartakiste, elle manifeste contre la guerre et le gouvernement. Évidemment, elle est de nouveau arrêtée. Du fond de sa prison, elle suit les événements de la révolution russe de 1917, applaudit tout d'abord, puis critique Lénine en affirmant que « la liberté seulement pour les partisans du gouvernement, pour les membres d'un parti, aussi nombreux soient-ils, ce n'est pas la liberté. La liberté, c'est toujours la liberté de celui qui pense autrement. »

Pendant ce temps, la vague révolutionnaire atteint l'Allemagne. Les mouvements politiques de gauche s'affrontent et finissent par s'opposer. Dès le mois de novembre 1918, la révolution allemande éclate. Une amnistie politique est prononcée le 6 du même mois. Rosa est libérée et regagne Berlin. Son mouvement spartakiste ne fait pas partie du nouveau pouvoir qui, le 11 novembre, signe l'Armistice.

Mais le 15 janvier 1919, Rosa Luxemburg et Karl Liebknecht sont arrêtés, interrogés et renvoyés en prison. À la sortie de l'interrogatoire, un soldat fracasse la mâchoire de Rosa, avant que l'officier Kurt Vogel ne l'achève d'une balle dans la tête. Lesté d'un bloc de pierre, son corps est jeté dans le canal Landwehr à Berlin.

### ARMISTICE

**Accord de suspension des hostilités entre deux armées afin de préparer la paix. L'armistice est conclu par les chefs militaires.**

### PACIFISME

**Doctrine et action des partisans de la paix ou du rétablissement de la paix à tout prix.**

# NICOLE MANGIN

**(1878-1919)**

**UNE FEMME + UN MÉDECIN = UN SOLDAT**

## CONSCRIT

**Jeune homme en âge légal de faire son service militaire. En 1914, le service est obligatoire en France et en Allemagne. On estime à 3 580 000 le nombre de conscrits appelés à servir sous le drapeau français au début de la guerre.**

## BATAILLE DE VERDUN

**Elle eut lieu du 21 février au 19 décembre 1916, opposant les armées françaises et allemandes. Elle fit en dix mois quelque 715 000 victimes, dont environ 300 000 soldats tués et disparus et 400 000 blessés. Les batailles de Verdun et de la Somme ont été les plus meurtrières de la Grande Guerre.**

Sa famille est originaire de la Meuse mais Nicole naît à Paris. Aînée de trois frères, pas étonnant qu'elle ait du caractère. Elle a aussi un grand cœur et aime aider les autres. Une fois son bac en poche, elle décide de devenir médecin. Études par essence difficiles et exigeantes, elles sont à cette époque réservées aux hommes. Seules, quelques très rares jeunes femmes arrivent à entrer à la faculté de médecine, et Nicole en fait partie. Elle s'intéresse à la tuberculose, qui cause alors des ravages, et au cancer, qui commence à être sérieusement étudié.

## IMAGINEZ SEULEMENT...

Le 2 août 1914, au même titre que les 3 580 000 conscrits appelés à servir sous le drapeau français, Nicole reçoit ses papiers militaires. Pourtant, elle n'est pas un homme ! Bien sûr, c'est une erreur : elle doit rentrer chez elle. Mais Nicole explique avec une logique implacable que, si elle a été mobilisée, même par erreur, il faut lui donner un poste et un uniforme. Elle n'en démord pas. Devant son insistance, elle est finalement enrôlée dans l'armée française. À la fin de la première année de guerre, Nicole est mutée à Verdun. Ses supérieurs pensent que c'est une zone calme et qu'elle n'y craindra pas grand-chose.

Drôle de planque ! Du 21 février au 19 décembre 1916 s'y déroule l'une des batailles les plus terribles de la guerre. Elle vit au milieu de l'enfer. Sous les bombes, elle se démène. Il n'y a plus ni femmes, ni hommes, juste des médecins d'exception qui font leur travail de leur mieux. Le 25 février, on demande l'évacuation de l'hôpital dans lequel elle exerce. Neuf soldats sont intransportables. Nicole se porte volontaire pour rester à leur chevet. Qu'on ne s'en fasse pas pour elle ! Son chien, Dun, la protégera !

En octobre 1916, l'état-major décide de lui donner un peu de répit. Ses qualités ayant été pleinement reconnues, on lui demande de prendre la direction de l'hôpital-école pour infirmières Edith-Cavell à Paris. Là, elle doit affronter un nouvel ennemi : la grippe espagnole. Avec toujours la même détermination, elle soigne, jour après jour, ceux qu'on lui amène.

En juin 1919, on retrouve Nicole morte dans son appartement. Elle a 41 ans. Elle n'a reçu ni citation, ni décoration officielle. Seule une plaque de cuivre lui fut offerte par ses malades militaires en souvenir de son courage et de sa détermination à Verdun.

### GRIPPE ESPAGNOLE

**Apparue en 1918, elle a fait, selon l'Institut Pasteur, en deux ans, 30 millions de morts en Europe, de 100 à 300 morts par jour en France. Cette grippe n'avait rien de commun avec les grippes saisonnières ordinaires. Son caractère fulgurant provoqua une mortalité vingt-cinq fois plus importante que la mortalité « habituelle ».**

### MOBILISER

**Mettre une partie ou l'ensemble d'une armée sur le pied de guerre. Affecter un citoyen à un poste militaire.**

### INFANTERIE

**Troupes de fantassins, soldats qui combattent à pied.**

# IDA MARGAT

**(1891 - … )**

**MARIÉE DE GUERRE**

### TRANCHÉE

**Fossé qui permet la circulation et le tir à couvert. En cas de guerre de position (ou guerre de tranchées), les tranchées sont équipées de postes d'observation et de commandement, d'abris et de boyaux les reliant à l'arrière. Elles deviennent alors de véritables positions fortifiées. Pendant la Première Guerre mondiale, les deux camps creusèrent des tranchées face à face le long du front.**

### PERMISSION

**Congé accordé aux militaires pendant une guerre. En France, les premières permissions de la Grande Guerre ne sont données qu'à partir de 1915.**

Ida est native de l'Aisne. Elle serait bien restée dans son village, mais les bombardements allemands l'ont obligée à se réfugier à Paris. Alors qu'elle lit les journaux pour avoir des nouvelles du front, elle tombe sur la petite annonce d'un poilu parue dans *La Vie parisienne*. Un filleul est en quête d'adoption. Il s'appelle Fernand Bailleul. Célibataire, âgé de 27 ans, il a rejoint le 156$^{e}$ régiment d'infanterie, le 3 août 1914. Ida se sent l'âme d'une marraine patriote. Elle décide de lui écrire. Elle ignore qu'une belle et longue histoire d'amour est en train de voir le jour.

Du front, Fernand est heureux de correspondre avec Ida qui lui parle de la vie à l'arrière, de petits faits divers amusants et un peu d'elle. Chaque lettre décachetée est une bouffée d'air frais. Ida l'encourage aussi et le soutient. Fernand s'attache tendrement à la jeune femme. Lors de la bataille de Champagne en 1915, le soldat se distingue et devient caporal. En 1916, il est promu sergent. L'année 1917 se passe dans les Vosges puis dans la Meuse. 1917, c'est aussi pour lui, l'époque des permissions. Il rentre à Paris et fait enfin la connaissance d'Ida en chair et en os.

C'est le coup de foudre. Le temps passe trop vite et, au grand désespoir d'Ida, Fernand doit bientôt repartir pour le front. Cantonné dans la tranchée de Calonne, près de Verdun, le sergent Bailleul s'illustre en avril 1918 repoussant, avec sa compagnie, un assaut ennemi de première ampleur. Le lendemain, il est cité à l'ordre du régiment et reçoit la croix de guerre avec une étoile de bronze. Il le lui écrit. Ida le félicite, lui répète son admiration, lui envoie tout son amour. En mai, le sergent Bailleul conduit sa compagnie de mitrailleuses à la victoire. Une citation au corps d'armée lui vaut une étoile de vermeil sur sa croix de guerre. Pour Ida, Fernand est un héros, son héros.

En octobre, alors qu'il se bat dans les Ardennes, le brave fiancé, sérieusement touché par balle au bras gauche, est évacué et hospitalisé à Mâcon. Sa blessure au combat lui vaut une nouvelle citation à l'ordre de l'armée et une palme sur sa croix de guerre. Mise au courant après coup, Ida frissonne de peur. Elle le rejoint à Lyon où il a été transféré en janvier 1919. Un mois plus tard, à nouveau sur pied, il épouse sa belle à la mairie du X$^{e}$ arrondissement de Paris.

De leur union naîtront trois enfants et plusieurs petits-enfants, dont Hubert Mathys, vainqueur d'une étape du Tour de France en 1976 !

## TRANCHÉE DE CALONNE

**C'est une route forestière dans le département de la Meuse qui relie Hattonchâtel à Verdun. Elle fut tracée vers 1786 sur les ordres de Charles Alexandre de Calonne, ministre de Louis XVI. Pendant la Première Guerre mondiale, la tranchée de Calonne fut l'enjeu de combats acharnés. En septembre 1914, l'écrivain Alain-Fournier y trouva la mort. Maurice Genevoix la cite dans ses Mémoires de guerre : *Ceux de 14*.**

**Maurice Genevoix**

# MARIE DE ROUMANIE

**(1875-1938)**

**REINE FIDÈLE**

### NEUTRALITÉ

**La neutralité est la politique adoptée par un État qui reste à l'écart d'une guerre, s'abstenant d'y participer soit directement, en ne prenant pas part aux hostilités soit indirectement, en ne prêtant pas assistance aux belligérants.**

Marie d'Édimbourg est petite-fille de la reine Victoria par son père et petite-fille du tsar Alexandre II par sa mère. Missy, comme tout le monde l'appelle, vit quelques années à Malte. Là, souvent, elle monte à cheval avec ses meilleurs amis dont George, futur roi du Royaume-Uni, qu'elle aime en secret. Mais, à cette époque, on ne se marie pas par amour et on obéit à ses parents. Elle épouse donc en 1893 le prince Ferdinand de Roumanie. Quand la guerre éclate, l'oncle de Ferdinand, le roi Carol de Roumanie et son gouvernement décident de demeurer neutres.

## IMAGINEZ SEULEMENT…

Le 9 octobre 1914, le roi Carol meurt. Ferdinand devient roi. Si son mari est fidèle à l'Autriche-Hongrie, Marie de son côté n'hésite pas à affirmer : « Je mourrais de douleur si la Roumanie entrait en guerre contre l'Angleterre. » De la même manière, le gouvernement est partagé. Tiraillée entre les deux camps, la Roumanie choisit donc de rester neutre durant les deux premières années du conflit.

Au printemps 1916, l'armée russe atteint la région des Carpates. Pour les Alliés, il est urgent que la Roumanie entre en guerre et du « bon » côté encore ! Des négociations sont entamées : si la Roumanie s'engage, on la récompensera en lui donnant des terres perdues, comme la Transylvanie par exemple. Marie rédige des lettres en ce sens, qu'elle envoie à ses cousins, le roi George V et le tsar Nicolas II. Pendant ce temps, Bratianu, Premier ministre roumain, se démène comme un beau diable. Il fait arrêter toutes les livraisons de pétrole à l'Allemagne et à l'Autriche-Hongrie. C'est un signe fort. On n'est sans doute pas loin d'un accord avec les Alliés.

Au matin du 7 août 1916, Marie, fébrile, s'est habillée avec soin. Elle prend un copieux petit déjeuner, embrasse avec tendresse ses enfants qui viennent lui souhaiter le bonjour. Puis, elle reçoit dans ses appartements privés, le comte de Saint-Aulaire, ministre de France à Bucarest, ambassadeur envoyé par Paris depuis peu. Celui-ci la complimente sur les tons chatoyants de sa toilette. Un sourire léger se dessine sur les lèvres de Marie qui lui répond du tac au tac : « Comme vous voyez, je n'aime pas les couleurs neutres ! » Saint-Aulaire croit percevoir dans la répartie de la reine une allusion. Tout bien réfléchi, il en est même sûr : le pays va rejoindre la coalition alliée. Et, en effet, dix jours plus tard, le 17 août 1916, la Roumanie signe un traité avec les Alliés et, le 28 du même mois, le pays entame sa première offensive contre l'ennemi.

### LES ALLIÉS

**En 1914, les forces alliées sont constituées de la France, du Royaume-Uni, de la Russie et de la Serbie. En 1915, elles sont rejointes par l'Italie. Il faut attendre 1917, pour que les États-Unis et la Grèce se rallient à elles. Bien d'autres pays suivront comme le Japon, la Chine ou le Brésil. Le conflit devient alors planétaire et c'est pourquoi on parle de Première Guerre mondiale.**

# NELLY MARTYL

**(1887-1953)**

**LA FÉE DE VERDUN**

"ON NE PASSE PAS !"

**Ce célèbre dessin de Georges Scott, le mari de Nelly, ouvre le numéro du 8 août 1914 de *L'Illustration*. C'est le premier numéro de guerre du journal. Il symbolise la détermination de l'armée qui attend l'ennemi de pied ferme.**

Âgée d'à peine 20 ans, Nelly Martyl est déjà en haut de l'affiche à l'Opéra Garnier et à l'Opéra-Comique. Elle y chante Massenet, Bizet et Offenbach. Le peintre Georges Scott, illustrateur et correspondant pour le journal *L'Illustration*, tombe fou amoureux de cette brune piquante et la demande en mariage. Le Tout-Paris assiste à leurs noces. La vie est douce et brillante. Mais à l'annonce de la mobilisation générale, les temps changent. L'Opéra-Comique ferme, Nelly s'engage à la Croix-Rouge et son mari est envoyé comme reporter de guerre dans les Balkans.

## IMAGINEZ SEULEMENT...

En devenant infirmière, Nelly oublie le confort et le luxe du vedettariat et découvre l'envers du décor. Les membres mutilés, les chairs déchiquetées et les visages broyés, c'est pour de vrai. Mais Nelly n'a pas froid aux yeux. Elle endosse son nouveau rôle avec courage et se révèle une aide précieuse. Parallèlement, elle décide de remonter sur scène. Les corps blessés, c'est une chose, les âmes brisées, c'en est une autre. Et ça, ni les bandages, ni les médicaments ne peuvent les soulager. Sa voix, en revanche, peut adoucir les cœurs ravagés.

Quand le soldat Jean Petit et son régiment arrivent à Ligny-en-Barrois, en septembre 1916, ils savent que c'est le dernier arrêt avant « la grande montée » à Verdun. Petit raconte dans son journal que le général Passaga, « qui connaît bien le cœur de ses troupiers », vient les soutenir en compagnie de « Mademoiselle Nelly, infirmière aux armées, femme admirable de grâce française et de dévouement patriotique ». Jean sent bien qu'elle n'est pas là pour se faire mousser mais qu'elle est bien là, pour eux, les poilus.

« Elle chante pour les chasseurs : *En passant par la Lorraine !*... Et après un salut à l'église, elle entonne *La Marseillaise*, [...]. Aucune fausse sentimentalité dans cette scène. Pas de civils, d'embusqués, pas de tréteaux, de cabotins, pas de décors en carton. Les marches d'une humble église meusienne, poissées d'humidité comme scène et une cohorte de soldats qui vont risquer leur peau comme auditoire. »

Mademoiselle Martyl est faite sur-le-champ caporal honoraire et reçoit un béret, qu'elle coiffe avec simplicité. Surnommée « la fée de Verdun », Nelly poursuit son tour de chant que l'on pourrait surnommer son « tour de champs de bataille », tant elle s'est approchée au plus près du front. En octobre 1916, pour être allée chercher sous le feu des blessés graves, le commandant du 149e régiment d'infanterie élève le caporal Martyl au grade de sergent honoraire. Nelly est aussi titulaire d'une dizaine de décorations dont quatre croix de guerre.

### CORRESPONDANT DE GUERRE

**Journaliste qui rapporte des faits relatifs à un conflit militaire. Il peut se trouver dans les zones de combat, intégré dans une des forces en présence, ou plus à l'arrière. Des photographes et des dessinateurs, à l'exemple de Georges Scott, ont pu aussi être correspondants.**

**Nelly chantant la *Marseillaise* à l'hôpital écossais en 1916.**

# MARIE MARVINGT

**(1875-1963)**

**UN PILOTE EN JUPE-CULOTTE**

### CASSER DU BOIS

**C'est avoir un accident et endommager son avion. À l'époque, le bois était un des matériaux les plus employés dans la construction des machines volantes.**

### UNE DEVISE

**« Savoir vouloir » est la devise de Marie Marvingt, qui représente à elle seule 17 records mondiaux, 34 médailles et décorations françaises et étrangères. C'est aussi la seule femme au monde à être encore détentrice des quatre brevets : avion, ballon, hydravion, hélicoptère.**

Marie est auvergnate. Elle perd sa mère quand elle a 14 ans. Garçon manqué, elle excelle au canoë, en natation et dans tous les sports auxquels elle s'essaie. Elle s'élève en montgolfière, dévale les pistes de ski et obtient, en 1899, son brevet de chauffeur d'automobile. Passionnée de montagne, elle invente, en 1905, la jupe-culotte, plus confortable et plus pratique pour l'escalade ! En 1908, elle est la troisième femme au monde à obtenir son brevet de pilote d'avion.

## IMAGINEZ SEULEMENT...

Marie fulmine. On lui refuse tout net de s'engager dans l'armée. Elle a beau brandir son brevet de pilote, elle a beau rappeler qu'elle n'a jamais « cassé du bois », on ne l'enverra pas au combat. Alors, tout simplement, elle décide de falsifier son identité pour arriver à ses fins. Avec la complicité d'un lieutenant de ses amis, elle rejoint en 1914 non pas l'aviation mais l'infanterie sous le nom du deuxième classe Beaulieu. La voilà devenu soldat. Beaulieu monte au front et descend dans les tranchées pendant plusieurs semaines avant d'être démasquée. On la renvoie à l'arrière. Mais ils ne connaissent pas Marie à l'état-major ! Elle s'entête et fait un ramdam de tous les diables. Le maréchal Foch* l'apprend et, officiellement cette fois, l'affecte au 3e régiment d'infanterie alpine. Sa maîtrise de la montagne lui permet de faire des merveilles, et c'est à ski que son régiment évacue une troupe alliée encerclée dans les Alpes dolomitiques.

Marie n'est pas qu'une sportive hors du commun. C'est aussi une visionnaire. Dès le début de la guerre, elle imagine des infirmeries volantes. Elle a tout planifié :

« Mon avion sera un monoplan avec trois places, propulsé par un moteur Gnome de 100 chevaux et équipé d'une radio qui servira à fournir des informations aux médecins-chefs. Il sera aussi en mesure de ravitailler les postes de secours, j'ai étudié une litière, très confortable, qui pourrait être adaptée à ma machine. »

Quel moyen idéal pour transporter les blessés graves ! On lui rit pourtant au nez. Son projet est fantaisiste. Ça ne marchera jamais ! Ses supérieurs ne trouvent pas les avions assez fiables et reconnaissent seulement, du bout des lèvres, qu'ils peuvent permettre de repérer les blessés sur le champ de bataille ! Il faudra attendre 1917 pour que son idée soit enfin concrétisée.

Depuis, on n'a plus jamais cessé de se servir des avions sanitaires lors des conflits militaires ou des catastrophes humanitaires des XXe et XXIe siècles.

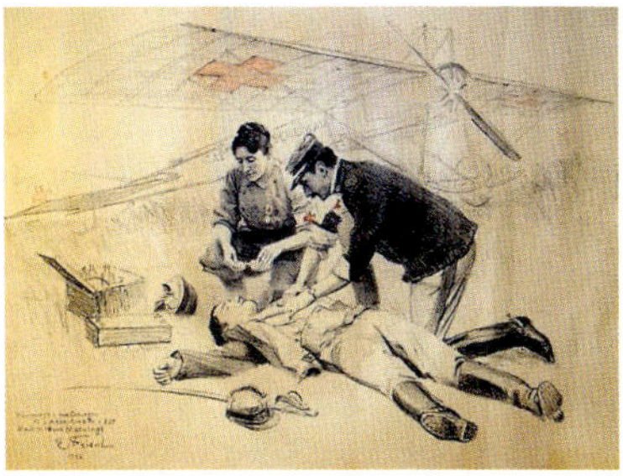

**En 1914, le peintre Friant peint Marie Marvingt et un médecin en train de secourir un blessé. Derrière eux, l'avion sanitaire que Marie rêve un jour de voir construit. C'est dans ce but que le tableau est reproduit en cartes postales, vendues au profit de ce projet. Marie ne verra voler son « ambulance de l'air » qu'à la toute fin de la guerre !**

## UNE CITATION

**Au lendemain de sa mort, en 1963 le journal *Chicago Tribune* a titré : « Marie Marvingt : La femme la plus extraordinaire depuis Jeanne d'Arc ».**

# MATA HARI

**(1876 – 1917)**

**L'ESPIONNE QUI AIMAIT**

### LA BELLE ÉPOQUE

**Période, s'étendant de l'exposition universelle de 1889 au début de la Première Guerre mondiale en 1914, marquée en Europe par une réelle joie de vivre, un grand rayonnement culturel, une foi dans les progrès sociaux, économiques, technologiques et politiques.**

Margaretha Geertruida Zelle a 18 ans lorsqu'elle se marie à un officier de marine néerlandais de 37 ans. Ils partent vivre aux Indes. Curieuse des coutumes locales, elle y apprend les danses exotiques. En 1902, elle divorce et part pour Paris. Là, sous le nom de Mata Hari, « œil du jour », elle raconte avoir été initiée par les prêtres de Shiva aux danses sacrées. Son numéro de danseuse dévoilant ses charmes séduit le Tout-Paris de la Belle Époque. Elle poursuit sa carrière en Europe, mais la concurrence se fait rude. Mata est en passe d'être éclipsée par ses rivales quand la guerre éclate.

## IMAGINEZ SEULEMENT...

En 1915, Mata s'installe dans une modeste maison à La Haye. Elle n'est pas seulement ruinée, elle est criblée de dettes. Le consul d'Allemagne lui propose alors de rembourser ce qu'elle doit en échange de renseignements. Mata, par désir de gloire un peu mais par besoin d'argent surtout, accepte. Formée par la célèbre et énigmatique Fräulein Doktor, elle devient l'agent H21. De retour à Paris, elle fréquente les officiers alliés et entre en contact avec le chef du contre-espionnage français. À son tour, il lui propose de partir à la pêche aux renseignements, mais cette fois pour le compte des Alliés. Tout en la faisant surveiller, il l'envoie épier le haut commandement allemand en Belgique, puis en Espagne. Agent double malgré elle, Mata ne mesure pas les risques qu'elle encourt. Lors d'un de ses voyages, elle se fait arrêter par les Anglais qui la prennent pour Klara Benedix, une autre danseuse espionne ! Un comble ! Libérée, Mata retourne à Madrid. Là, elle soutire à un attaché d'ambassade allemand des informations qu'elle communique au renseignement français. Mata, crédule et malhabile, continue tant bien que mal à remplir ses missions.

C'est alors que des messages radio allemands concernant l'espionne H21 sont interceptés par les Anglais. Mata serait une espionne au service de l'Allemagne. Le piège se referme. Manipulée par les uns et par les autres, Mata Hari est une cible facile. Elle est arrêtée en février 1917 par les Français. La jolie danseuse demi-mondaine devient l'cnnemie publique n$^{o}$ 1. Accusée d'espionnage pour avoir utilisé de l'encre sympathique, pour avoir rencontré un des chefs du renseignement allemand, pour avoir touché de l'argent, H21 est condamnée à mort. Fusillée le 15 octobre 1917 au polygone de Vincennes, Mata avait choisi pour l'occasion une jolie robe de soie grise bordée de fourrure. Personne de sa famille ou de ses amis ne réclama son corps qui fut déposé à l'Institut médico-légal de Paris.

**Mata Hari, le jour de son arrestation**

# ANNE MORGAN

**(1873-1952)**

**PHILANTHROPE AMÉRICAINE**

## ÉTATS-UNIS

**Les États-Unis entrent en guerre en avril 1917. Toutefois, dès 1914, des volontaires américains ont rejoint de leur propre chef les troupes alliées. En 1916, quelques jeunes pilotes américains créent avec l'aide d'officiers français, l'escadrille La Fayette. Cet escadron volant va participer activement à toutes les grandes campagnes de la guerre. À la mémoire de ces casse-cou, un étonnant mémorial a été érigé dans les années 20, en lisière du parc de Saint-Cloud. Sur cet arc de triomphe sont gravés des têtes de sioux, des santiags, des têtes d'aviateurs et des avions. Le Mémorial, ouvert au public et gratuit, mérite le détour !**

Fille du très puissant banquier américain John Pierpont Morgan, Anne raffole de l'Europe qu'elle visite souvent. Refusant de n'être qu'une « riche idiote », elle s'instruit et agit. Au début des années 1900, elle fonde, par exemple, le Colony Club, premier cercle new-yorkais exclusivement féminin. En 1913, son père meurt en lui léguant une fortune considérable, qu'elle utilise en partie à des fins philanthropiques. Persuadée de l'importance de l'action de terrain pour aider les plus démunis, elle va mettre ses convictions en pratique lors de la guerre de 14-18.

## IMAGINEZ SEULEMENT...

Dès 1914, Anne se mobilise en faveur des populations civiles françaises, particulièrement touchées par cette guerre mondiale et totale.

En avril 1917, le président Wilson* fait voter l'entrée en guerre des États-Unis. Dans la foulée, Anne crée avec son amie Anne Murray Dike, médecin d'origine canadienne, le Comité Américain pour les Régions Dévastées (C.A.R.D.). Anne Dike prend en charge la coordination sur le terrain tandis qu'Anne Morgan fait des allers-retours aux U.S.A. pour collecter des fonds. Infatigable, elle emploie tous les moyens à sa disposition pour rassembler de l'argent. Pendant ses conférences, elle sensibilise son public à grand renfort de photos, d'affiches et de films.

Basé dans l'Aisne, non loin du front, le Q.G. du C.A.R.D. s'installe dans des baraquements au milieu des ruines du château de Blérancourt. Les premières volontaires arrivent. Américaines, Anglaises, Françaises, Canadiennes, peu importe leur nationalité, du moment qu'elles savent conduire et… entretenir leurs camionnettes Ford. Graissage, changement de roues, vérification de l'huile, nettoyage des têtes de cylindre, elles doivent être capables de réparer leurs carrosses. Rien d'extraordinaire donc à trouver mesdemoiselles Hughes et Wilde affairées autour d'un essieu dans un des garages du Comité. Les automobiles permettent de sillonner le Soissonnais, de dispenser les premiers secours et de distribuer ravitaillement, vêtements et coups de main divers.

À la fin de la guerre, le C.A.R.D. continue son action et participe à la « reconstruction morale et sociale des populations ». Aux actions de première nécessité vient s'ajouter la création de bibliothèques, de jardins d'enfants, d'associations sportives, de formations inspirées du scoutisme. Retisser le lien social est le maître mot de l'après-guerre.

En 1924, Anne Morgan fonde à Blérancourt le Musée historique franco-américain, qui deviendra, en 1931, le Musée national de la coopération franco-américaine.

### MISS HUGHES & MISS WILDE

**Les deux jeunes femmes en pleine réparation au garage du Comité à Vic-sur-Aisne.**

### MUSÉE FRANCO-AMÉRICAIN DU CHÂTEAU DE BLÉRANCOURT

**Y sont surtout rassemblés les souvenirs de la Première Guerre mondiale et les photographies du fonds Anne Morgan.**
www.museefrancoamericain.fr

# MARIE, LÉONIE, LOUISE ET VIOLETTE...

## LES MUNITIONNETTES DE JAVEL

### UNE COMMÉMORATION

**Une plaque en souvenir des « Dames de Javel » a été apposée en 2013 au collège André-Citroën au 208 de la rue Saint-Charles, dans le XV^e arrondissement de Paris.**

### LE MUSÉE DE L'ARMÉE AUX INVALIDES

**Ce musée parisien, incontournable à qui s'intéresse à la Grande Guerre, consacre une partie de ses collections aux femmes qui ont joué un rôle pendant ces quatre années de guerre.**
www.musee-armee.fr

Laissant là leur travail aux champs, dans les bureaux et les usines, plus de trois millions d'hommes sont mobilisés en dix-sept jours, du 2 au 18 août 1914. On ne tarde pas à faire appel à la seule main-d'œuvre restante : les femmes. Dans les usines d'armement, réparties en équipes de jour et de nuit, elles se mettent au travail onze heures par jour, sept jours sur sept. On les appelle les munitionnettes. C'est une course contre la montre qui s'engage : la France doit produire en grand nombre munitions et obus pour rivaliser avec l'artillerie allemande.

## IMAGINEZ SEULEMENT...

En 1915, un jeune capitaine, André Citroën, convainc le ministre de la Guerre de mettre en place son projet révolutionnaire. Il s'agit d'utiliser le procédé de fabrication à la chaîne inventé par le constructeur automobile américain, Henry Ford. Le feu vert obtenu, il fait construire une usine d'armement sur des terrains vagues bordant le quai de Javel, qui va au départ produire de 5 000 à 10 000 obus par jour.

« Un obus de plus, ce sont cent vies françaises sauvées », prend-il l'habitude de dire. Et de fait, en 1917, les munitionnettes en fabriquent plus de 50 000 par jour dans l'enfer des machines et des presses. Personne ne pourra dire que les 6000 employées de l'usine d'André Citroën ne participent pas vaillamment à l'effort de guerre !

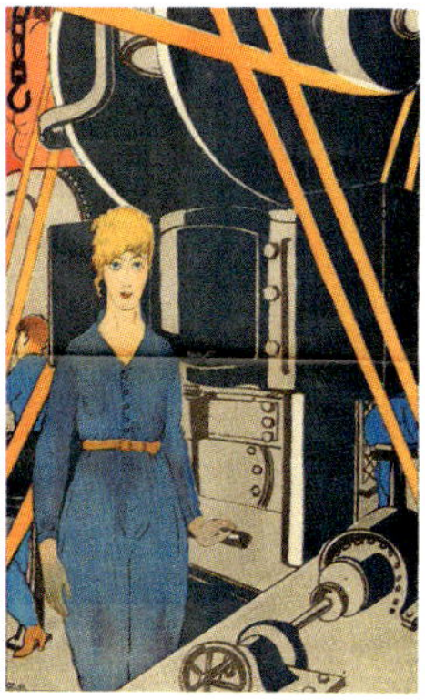

« Elles ne sont pas toutes à Biarritz ou à Deauville », illustration de Paul Iribe (revue *La Baïonnette*, 1917)

## COMME SI VOUS Y ÉTIEZ !

Vous vous êtes levée à 5 h 30, comme tous les matins, pour prendre le premier métro. Il faut du temps pour se rendre de Ménilmontant au quai de Javel, le long duquel se dresse l'usine de Monsieur Citroën. Le wagon est bondé. Travailler à l'usine rapporte un peu plus que les travaux d'aiguille et vous pensez que le jeu en vaut la chandelle. Et puis, toutes vos amies n'ont pas la chance d'avoir un patron plutôt attentif à ses ouvrières. Il a installé douches et vestiaires, cantine et infirmerie. Il a même ouvert une crèche sur place ! Vous avez aussi touché le mois dernier une prime qui vous a permis d'acheter un chapeau. Mais, ce matin, le cœur n'y est pas. Dire qu'il est interdit de s'asseoir et de discuter ! Il faut bien les fabriquer, ces milliers d'obus par jour. Enfin, vous arrivez devant les grandes portes de l'usine. Vous saluez Violette. Vous riez avec Léonie. Vous pénétrez dans les vestiaires, rangez votre chapeau neuf et votre manteau, enfilez votre blouse et vous dirigez vers votre poste de travail. Les machines sont déjà en route, le bruit est assourdissant. Le premier obus à vérifier arrive sur le tapis roulant, suivi du deuxième et du troisième. Vous vous concentrez. La journée a commencé.

# NÉNETTE (& RINTINTIN)

**1913**

**PORTE-BONHEUR LAINEUX**

## GROSSE BERTHA

**M 42 est un obusier de très gros calibre né dans les usines de la famille Krupp et surnommé Bertha en l'honneur de Bertha, la fille héritière de Friedrich Alfred Krupp. L'héritière n'était pas une grosse dame, mais la pièce d'artillerie, si ! C'est pourquoi elle devint la Grosse Bertha. Or, les obus de la « Grosse Bertha », la véritable, n'ont jamais pu atteindre Paris ! Les Allemands avaient eu le temps de décliner plusieurs pièces d'artillerie monstrueuses du même genre. Les Français n'en savaient rien et c'est pourquoi ils les appelèrent toutes « Grosse Bertha ». Bref, pour faire simple, la Grosse Bertha qui fit le plus de dégâts à Paris était en fait... un « *Parisener Kanone* ».**

À l'origine, Nénette et Rintintin sont deux poupées inventées en 1913 par Poulbot, célèbre dessinateur humoriste connu pour ses dessins d'enfants de Montmartre. On sait que Francisque Poulbot appelait sa femme Rintintin, laquelle, Leona, appelait son époux, Nénette. Pourtant, une fois devenus poupées, Nénette devient la fille et Rintintin, le garçon.

## IMAGINEZ SEULEMENT...

À Paris, en juillet 1918, pour se donner du courage et supporter les terribles bombardements, on fredonne l'air de la chanson *La Vraie Histoire de Nénette et Rintintin*. Jusque-là Nénette et son indissociable ami Rintintin étaient des porte-bonheur qu'on donnait aux soldats. Mais l'engouement pour les deux petites poupées est tel que le gouvernement français finit par interdire aux militaires de les porter ! Or, depuis que les obus de la dite « Grosse Bertha » tombent sur Paris, ils deviennent le gri-gri préféré des Parisiens. Sous forme de toutes petites poupées en laine, Nénette et Rintintin sont portés au revers des vestes, sur le côté des chapeaux, en collier, à la boutonnière ou sur le haut des corsages.

Dans la revue du *Mercure de France*, Apollinaire * écrit un petit article à leur gloire : « C'est peut-être la première fois que, depuis le fil d'Ariane, l'homme met sa confiance dans quelques brins de laine, de fil ou de soie. [...] Nénette et Rintintin sont les premiers dieux nés au XX$^{e}$ siècle. »

## COMME SI VOUS Y ÉTIEZ !

Et dire que c'est bête comme chou de construire une Nénette ! Il faut de la laine, un bon morceau de carton d'une dizaine de centimètres de côté, des ciseaux et une aiguille. Entourez la laine autour du carton 48 fois. Tout doucement, retirez le carton de la laine. Attachez ensuite le haut avec un brin de laine, puis serrez un autre brin de laine un peu plus bas. Voilà la tête qui est faite ! Ensuite, coupez la boucle du haut et, comme par magie, les cheveux apparaissent. Coupez la boucle du bas. Choisissez-y sept brins de laine de chaque côté afin de former les bras. Trop longs ? Attachez un brin de laine à la hauteur du milieu de chaque bras et coupez un peu en dessous. Ça y est, vous avez les mains et les poignets ! Prenez un autre brin et serrez-le un peu plus haut que le milieu du corps mais surtout plus haut que bas. La taille apparaît. La jupe de Nénette sera longue à moins que vous ne dégagiez ses jambes en prenant garde de ne pas les lui couper ! Pour la bouche prenez de la laine rouge, et pour les yeux, une laine d'une autre couleur. Insérez-la entre les brins de la tête. Le tour est joué !

### HISTORIAL DE LA GRANDE GUERRE, À PÉRONNE

**Nénette et Rintintin, et d'autres poupées qui ont fait la guerre, sont présentées au musée de la Grande Guerre, qui conserve également un grand nombre d'objets d'artisanat des tranchées.**
www.historial.org

**Rintintin*, du porte-bonheur à la star hollywoodienne.**

# PEAU D'ÂNE

## JUMENT DE GUERRE

### RÉQUISITION DES CHEVAUX

**Le 31 juillet 1914, les propriétaires de chevaux sont avertis que leurs montures sont réquisitionnées. Entre 1914 et 1918, les réquisitions successives ponctionnent sur le territoire français 950 000 chevaux. Le nombre de chevaux, ânes, mulets était précisément connu par les autorités, puisqu'il existait un recensement militaire des équidés organisé par le service de la remonte militaire. À Saumur, on trouve une plaque dédiée « aux 1 140 000 chevaux de l'armée française morts pendant la Première Guerre mondiale ».**

www.musee-cavalerie.fr

René Quinton est un biologiste français de renom. Malgré ses 48 ans, qui le dispensent de toute obligation militaire, son patriotisme le conduit à s'engager dès le mois d'août 1914.
En janvier 1916, sans que personne s'y soit préparé, les Allemands attaquent Nieuport, en Belgique. Bombardée, la ville est en grand péril. Quinton, qui bivouaque non loin de là, réfléchit à toute vitesse et, dans le fracas, la poussière et l'odeur de poudre, s'écrie : « Sellez Peau d'Âne ! »

## IMAGINEZ SEULEMENT...

Tout le corps de Peau d'Âne frissonne. Les bombardements la terrorisent. Sellée et harnachée, elle fait jouer son mors dans un bruit sourd de métal. Tout à coup, ses oreilles se dressent. Par-delà le fracas, elle a reconnu le pas de son cavalier. D'une main experte, il saisit les rênes, saute en selle. Le soldat Peau d'Âne se met en route. Quinton sait ce qu'il demande à sa jument. En bon scientifique, il a observé qu'« au début de la guerre, les chevaux ne comprenaient pas le danger. Aucun effort n'était nécessaire pour les maintenir sur une position battue par l'ennemi. L'apprentissage du danger s'étant fait, le cheval [a compris] si bien son risque qu'il [est devenu] difficile à tenir, non seulement sous les obus, mais sur des positions où les obus ne tombaient plus, mais étaient tombés. Aussitôt dans la zone, la bête [devient] inquiète, réfléchie, prête à un écart ; elle [obéit], mais [conserve] son libre arbitre ».

Tout en réfléchissant, René donne des jambes car la jument tend à ralentir.

Bien sûr, Peau d'Âne aime son cavalier mais elle les a vus, ces cadavres de chevaux le long des routes. La jument s'immobilise. Elle semble réfléchir :

« Il n'est pas de la dignité d'une jument bien dressée de refuser ce qu'on lui demande ; [...] Mais, à la vérité, mon maître exagère, ou il ne comprend pas. »

René la sollicite. Elle repart, même s'il lui est difficile d'accepter que son officier l'entraîne vers la mort. La ville se profile dangereusement à l'horizon. Cette fois Peau d'Âne ne veut plus avancer.

« Elle ne se défend pas, ne se cabre pas, ne frémit pas, n'annonce aucune feinte. Mais [...] elle s'arrête, bien décidée, afin que [sa] pauvre cervelle comprenne son geste ami, ce premier geste de refus, qui n'est pas de l'indiscipline, mais de la raison et de l'amour. [Il] l'ensorcelle par une caresse et la remet en marche. »

C'est ensemble qu'ils entreront à Nieuport, qu'ils y feront leur devoir de soldats et qu'ils en sortiront vivants.

### ANIMAUX DE GUERRE

**Environ 14 millions d'animaux, chiens, chats, chevaux, éléphants, pigeons furent mobilisés pendant la Première Guerre mondiale. Mascottes, messagers, sentinelles, gardes, secouristes, « hommes à tout faire », certains d'entre eux ont reçu les honneurs militaires. En 2004, un Mémorial des animaux de guerre a été inauguré à Londres, sur lequel est inscrit : « Les animaux dans la guerre. Ce monument est dédié à tous les animaux qui ont servi et sont morts aux côtés des forces britanniques et alliées dans les guerres et campagnes de tous les temps. Ils n'avaient pas le choix. »**

# LA POSTIÈRE INCONNUE

## FANTÔMETTE DU DEVOIR

### PTT

**(Postes, Télégraphes, Téléphones) Souvent, le seul téléphone d'un village se trouvait dans le bureau de poste. Une opératrice était chargée d'établir les connexions téléphoniques avec un commutateur manuel.**

### Q.G.

**(Quartier Général) Poste de commandement militaire où s'installe l'état-major, c'est-à-dire un groupe d'officiers chargé d'assister un chef militaire dans l'exercice de son commandement.**

À la veille de l'entrée en guerre, Châtillon-sur-Marne était un petit village paisible de moins de 900 habitants. Il y avait l'école, l'épicerie, la mairie et la poste. À l'automne de 1914, la Ve armée décide d'y établir son Q.G. En fait partie Edward Louis Spears, le grand ami de Winston Churchill, futur Premier ministre de Grande-Bretagne. Agent de liaison entre la France et l'Angleterre, il doit, dès son arrivée à Châtillon, trouver le moyen d'informer ses supérieurs britanniques des dernières manœuvres effectuées.

## IMAGINEZ SEULEMENT…

Spears et la Ve armée française montent « une côte abrupte jusqu'à la petite ville de Châtillon-sur-Marne, perchée fièrement sur la rive nord de la rivière ». Le village est désert. Pas âme qui vive. Tous les civils ont décampé. Tous ? Ce n'est pas si sûr. À peine son paquetage posé, Spears part en quête du bureau des P.T.T. Cela ne devrait pas être bien sorcier de faire marcher le téléphone qui doit s'y trouver. L'agent anglais se dirige vers la poste.

À « son étonnement, la receveuse [est] à son bureau, réglant les affaires des soldats qui [entrent] en foule pour profiter, chose extraordinaire, d'un bureau de poste ouvert. Plusieurs hommes, les uns timidement, d'autres sur un ton bourru mais bienveillant, la [pressent] de partir. Elle [est] la seule civile restée dans la ville, [disent-ils]. Bientôt, il serait trop tard. Mais cette femme calme et tranquille [secoue] la tête. Personne ne lui [a] donné l'ordre de partir. Elle [est] responsable du bien de l'État, de l'argent ; son devoir [est] de rester. »

Elle continue donc tranquillement son travail, comme si de rien n'était. Affable et professionnelle, elle accueille et écoute chaque soldat désireux d'envoyer des nouvelles à sa famille. Ça pousse un peu dans la queue. Ça grogne, ça rit, ça s'affole. Ils n'en reviennent pas que le bureau soit ouvert ! Spears, qui assiste à cette improbable scène, ressent pour elle une admiration et un respect immenses.

Spears, devenu plus tard le patron du M.I.6, les Services secrets britanniques, a bien essayé d'en savoir plus sur cette jeune femme courageuse. Mais « jamais [il n'a] trouvé quelqu'un pour [lui] dire ce qu'il était advenu de la petite employée habillée de gris dans l'immense raz-de-marée de la bataille formidable qui submergea Châtillon. »

Le village, dévasté par la guerre, a reçu la croix de guerre 1914-1918. On peut considérer qu'une grande part de cette décoration revient de droit, post-mortem, à cette jeune fille inconnue et héroïque.

### EDWARD SPEARS EN 1915

**Parlant parfaitement le français, il fut d'abord agent de liaison entre les Anglais et les Français, avant de devenir chef de la mission militaire britannique en France de 1917 à 1919. L'épisode de la postière inconnue est racontée dans ses souvenirs de guerre, *En liaison 14*, parus en 1932.**

# AMÉLIE RIGARD

**(1854-1925)**

**SŒUR JULIE, CORNETTE EN COLÈRE**

### LES DIABLES BLEUS

**Chasseurs ou fantassins, autrement dit tous les soldats de l'armée française combattant à pied. Pendant la Grande Guerre, les chasseurs à pied étaient répartis en 78 bataillons.**

Originaire de l'Est de la France, Amélie Rigard, à l'état civil, entre en religion à 21 ans en devenant sœur Julie. Elle se consacre aux hospices de la Congrégation des sœurs de Saint-Charles de Nancy. En 1912, sa congrégation la charge, à presque 60 ans, de diriger l'hospice de Gerbéviller en Lorraine. C'est là qu'avec les autres religieuses, sœur Julie accueille plus de mille blessés et leur assure nourriture et soins sous le feu incessant de la mitraille allemande.

## IMAGINEZ SEULEMENT...

Le 24 août 1914 au matin, une brigade bavaroise s'approche dangereusement de la ville alors que les premiers obus tombent sur Gerbéviller. Les « Diables bleus » français opposent aux assaillants une farouche résistance. Privés de l'arrivée de renforts, à bout de munitions, ils sont finalement obligés de décrocher. Mais cette résistance a rendu fous furieux les Allemands. L'ordre de détruire Gerbéviller est donné. La brigade met le village à feu et à sang. C'est dans cet enfer que sœur Julie, la peur au ventre, décide de tenir tête à quatre officiers allemands qui l'accusent de cacher des francs-tireurs. La religieuse leur répond vertement que chez elle il n'y a que des blessés, dont certains agonisent. Sans ménagement, les Allemands la bousculent et entrent violemment dans la salle commune. Ils se dirigent vers les blessés, le doigt sur la gâchette. Sœur Julie croise les bras, regarde par la fenêtre l'incendie qui dévore la ville. Les militaires font chou blanc. Elle le dit et le répète : dans son hospice, ils ne trouveront que des blessés et des impotents. Les officiers s'entêtent, explorent l'infirmerie, le réfectoire et les dortoirs. En vain. La religieuse leur extorque alors la promesse de ne pas incendier l'hôpital et les maisons mitoyennes. Après leur départ, elle avoue aux autres religieuses avoir cru sa dernière heure arrivée. Malgré son air serein, elle a bien failli mourir de peur. Mais l'épreuve n'est pas terminée. Vers une heure du matin, soutenue par toutes les sœurs, elle chasse *manu militari* une équipe d'incendiaires en train de mettre le feu aux maisons voisines. Avec un cran extraordinaire, elle leur donne l'ordre d'éteindre les foyers sur-le-champ. Elle leur affirme avoir reçu de leurs supérieurs l'assurance que l'hospice serait épargné et qu'aucune des personnes sous sa protection ne ferait l'objet de violences. Elle a gain de cause, les soldats allemands, penauds, font demi-tour.

Le 29 novembre 1914, dans la petite salle à manger de l'hospice, le président de la République, Raymond Poincaré, épingle la Légion d'honneur sur la guimpe de sœur Julie. En 1916, elle reçoit, pour son action héroïque, une nouvelle décoration, la croix de guerre.

### LÉGION D'HONNEUR

**Bonaparte, Premier consul, créa en 1802 la Légion d'honneur afin de récompenser les mérites militaires et civils des citoyens.**

# NELLY ROUSSEL

(1878 – 1922)

**FÉMINISTE EN GUERRE**

## DROIT DE VOTE

**Si la lutte des femmes pour conquérir l'égalité des droits politiques commence dans les années 1840, ce n'est qu'au début du xx^e^ siècle qu'elles revendiquent haut et fort le droit de vote, notamment à travers la voix des suffragettes anglaises. Si celles-ci obtinrent partiellement gain de cause en 1918, elles durent attendre 1928 pour conquérir la pleine égalité électorale avec les hommes. Les femmes russes obtinrent le droit de vote dès 1917, les Allemandes en 1918, les Américaines en 1920. Ce n'est que le 21 avril 1944, en pleine Seconde Guerre mondiale, que les Françaises accèdent au droit de vote. Mais il leur faudra attendre encore un peu, jusqu'au 29 avril 1945, pour mettre concrètement leur bulletin dans l'urne lors d'élections municipales.**

Née dans une famille aimante et aisée, Nelly reçoit une éducation raffinée. Sa vie est somme toute pareille à la vie de bien des jeunes filles de sa génération. Mais en épousant le sculpteur Henri Godet, en 1898, elle côtoie de nouvelles têtes et fait la connaissance de l'anarchiste Paul Robin. Ces nouveaux amis, un peu en marge de la bonne société, la poussent à s'interroger, et elle commence à cogiter sur son rôle de femme engagée. Charmante, vaillante et convaincue, Nelly se sert de son talent littéraire et oratoire pour plaider la cause des femmes.

## IMAGINEZ SEULEMENT...

Les morts s'entassent. À Noël 1915, cette guerre est déjà la plus meurtrière de l'histoire. Effaré, l'écrivain et homme politique Maurice Barrès* propose une idée assez singulière dans un article de *L'Écho de Paris*. Il souhaite que le droit de vote soit accordé aux veuves et aux mères des soldats morts pour la France. Il appelle ça le « suffrage des morts ». L'article fait grand bruit. Certains ricanent... mais beaucoup d'autres se rallient à cette drôle d'idée. Barrès et quelques députés commencent à travailler à un texte de loi.

Les féministes sont d'abord bien embêtées. Faut-il applaudir des deux mains à cette initiative qui comblerait – en partie – leur revendication concernant le droit de vote des femmes ? Ou faut-il au contraire s'y opposer ? Nelly, qui a suivi les débats avec attention, donne finalement son opinion. Mettant en garde ses amies, elle leur conseille de ne pas tomber dans « le piège de l'os à ronger » et interpelle les législateurs :

« Nous ne voulons pas penser par un autre, parler pour un autre, nous ne voulons pas voter par procuration [...] Ce qu'il nous faut, ce qui nous est dû à toutes, sans distinctions injustes, sans restrictions humiliantes, c'est le suffrage des vivantes ! »

Fi des fantômes du champ d'honneur ! Vive les combattantes du droit de vote ! Gagner la guerre militaire est une chose, engager la guerre militante en est une autre. Leur revendication est d'autant plus légitime, expliquent-elles, qu'on a demandé aux femmes de remplacer les hommes dans les usines, les champs, les entreprises. Il paraît juste qu'elles accèdent aussi au droit de vote.

Nelly fera entendre sa voix jusqu'en 1922, date à laquelle elle meurt de tuberculose sans jamais avoir pu voter. Quant à la proposition de Barrès, elle n'aura pas de suite. En 1916, l'heure est bien plus au conseil de guerre qu'à la séance parlementaire.

### SUFFRAGETTE

**À l'exemple de leurs sœurs d'armes anglaises, les Françaises ont multiplié les occasions de revendiquer leurs droits. Elles se sont même entrainées à voter lors de « votes blancs », comme durant les élections législatives du printemps 1914. La publicité pour ce scrutin pour « de faux » avait été organisée le *Journal* au moyen d'éventails imprimés et avait recueilli au total 505 972 voix !**

**L'éventail de vote**

# FLORA SANDES

**(1876-1956)**

**UN GARÇON MANQUÉ**

### F.A.N.Y.

**Unité britannique, féminine et indépendante, *The First Aid Nursing Yeomanry* est une organisation caritative affiliée à l'Armée. Le mot *yeomanry* (cavalerie) se réfère au fait qu'initialement, les femmes qui en étaient membres montaient à cheval. Créé en 1907, le F.A.N.Y. fournissait des conductrices d'ambulance chevronnées. Elles assurèrent les liaisons entre les hôpitaux et les lignes de front pendant la Première Guerre mondiale.**

Flora est la plus jeune des filles de la famille Sandes. Cette intrépide Irlandaise élevée dans le Yorkshire monte à cheval et tire à la carabine. Elle a les cheveux courts, fume et refuse absolument de cuisiner ou de coudre. Un vrai garçon manqué. Elle apprend à conduire puis se dégote une vieille voiture de course qu'elle manœuvre comme un chef. Elle fréquente aussi the *Ladies Nursing Yeomanry* pour y apprendre les gestes de premiers secours. Lorsque la guerre éclate en 1914, Flora veut devenir infirmière mais, n'étant pas assez qualifiée, on lui claque la porte au nez.

## IMAGINEZ SEULEMENT...

Qu'à cela ne tienne, Flora rejoint la St. John Ambulance, une unité médicale privée. En août 1914, elle quitte la Grande-Bretagne pour la Serbie, rejoignant ainsi un groupe sanitaire d'élite de 36 femmes. Elle parle de mieux en mieux le serbe, et, rapidement, Flora peut incorporer l'ambulance du Second Régiment d'infanterie de l'armée de Serbie, surnommé, à juste titre, le « Régiment de fer ».

Lors de la retraite en Albanie, les ambulances ne peuvent plus suivre l'armée sur le terrain. Flora ne veut pas en rester là. Elle arrache son brassard de la Croix-Rouge et demande ni plus ni moins à intégrer l'armée. Cela s'avère plus facile que pour Marie Marvingt ou Dorothy Lawrence ! En effet, grâce à une tradition des Balkans, elle n'a qu'à s'auto-décréter « *sworn virgin* » (« vierge sous serment »).

En d'autres termes, elle décide de vivre à la manière d'un homme. Le colonel du régiment qu'elle aimerait intégrer, détache alors de son uniforme un de ses propres insignes et ses deux épaulettes. Il les attache à la veste de sa nouvelle recrue. La voilà incorporée !

Le soldat Sandes passe en moins d'un an caporal, puis sergent. À l'automne 1916, elle participe à une série de batailles sanglantes dans les montagnes glacées de Macédoine. En novembre, Flora est sérieusement touchée par une grenade dans un combat au corps à corps : vingt-huit éclats d'obus dans le dos et un bras déchiqueté. Inconsciente, elle ne doit la vie qu'à la fidélité et au courage d'un lieutenant de sa compagnie. Elle est promue sergent-major et reçoit la plus haute décoration de l'armée serbe, l'ordre de l'Étoile de Karageorge. Flora est la première femme et la seule étrangère à obtenir le grade d'officier.

Durablement immobilisée par sa blessure, Flora rédige son autobiographie, *An English Woman-Sergeant in the Serbian Army*. Ce n'est qu'en mai 1917 qu'elle rejoint à nouveau son régiment. Elle y rencontre Yuri Yudenitch, ancien colonel de l'Armée impériale russe, dont elle tombe très amoureuse. Mais ça, c'est une autre histoire !

**Flora Sandes**

# ELSBETH SCHRAGMÜLLER

**(1887 – 1940 ?)**

**L'ESPIONNE QUI N'ÉTAIT PAS AIMÉE**

### UNE CITATION

**Son supérieur, l'Oberst Nicolai, résuma leur travail commun ainsi : « Il est significatif que, dans le service des renseignements allemands, un officier de cavalerie issu d'une vieille famille noble et une extraordinaire femme lettrée furent ceux qui connaissaient le mieux les agents étrangers, même les plus difficiles et sournois. »**

Née en Allemagne, Elsbeth est élevée dans une grande maison dont les caves ont été aménagées en gigantesque bibliothèque. La petite fille, qui ne parle que français avec sa grand-mère, n'en apprend pas moins d'autres langues, en plus du latin et du grec. Contre l'avis de tous, elle tient à passer l'Abitur, le baccalauréat allemand, qu'elle réussit haut la main. Les portes très fermées de l'université et de l'enseignement des Sciences politiques s'ouvrent alors à elle.

## IMAGINEZ SEULEMENT...

Août 1914, Elsbeth veut participer à l'effort de guerre. Elle souhaite mettre à profit ses connaissances et ses capacités d'analyse. Entreprenante, elle est engagée par l'armée pour des opérations de repérage avant d'entrer au service des renseignements allemands. Cette jeune fille bien élevée et perspicace sera bientôt crainte et haïe par tout l'espionnage français.

On la surnomme « Fräulein Doktor » ou « Sirène blonde d'Anvers ». Certains disent l'avoir entr'aperçue en France, glaciale, les doigts couverts de bagues, fumant des cigarettes russes. Un espion français, Charles Lucieto, décrit ses « yeux d'acier, des yeux qui vous scrutent et vous transpercent ». Elle fait froid dans le dos !

Tout cela suggère un personnage abominable pourtant bien loin de la réalité. Après guerre, un des rares articles parus à son sujet la dépeint comme étant « mince, blonde, distinguée, très réservée, parlant avec une voix de jeune fille ». On est aux antipodes de l'image terrifiante véhiculée pendant la guerre. En fait, la plupart de ceux qui l'ont fustigée ne l'ont jamais rencontrée. En effet, si elle a fait de brefs déplacements sur le terrain, elle est surtout restée en charge de la formation des agents de liaison allemands. Elsbeth devient même la meilleure formatrice d'espionnes de l'école d'espionnage d'Anvers, école réservée à l'élite des agents. Elle y forme notamment Mata Hari, l'agent H21, qu'elle juge, en passant, ni crédible, ni fiable.

C'est sans doute grâce à sa personnalité hors du commun, à sa capacité à raisonner vite, à anticiper des obstacles et à reconstituer des profils d'espions ennemis qu'elle a « gagné » sa terrible réputation. Militaire, Elsbeth n'eut pourtant jamais le grade d'officier alors qu'elle assumait de lourdes responsabilités. Son activité secrète dans l'espionnage l'empêcha aussi de recevoir la Croix de fer. À 52 ans, en 1940, Elsbeth Schragmüller meurt. Les causes de sa mort sont inconnues et sa tombe reste introuvable. Le mystère demeure !

### AGENT DE LIAISON

**Synonyme d'espion. L'agent de liaison a pour mission de recueillir des renseignements, des informations secrètes pour le compte d'une personne ou d'un pays.**

# MARCELLE SEMMER

**(1893-1964)**

**UN BON PETIT DIABLE**

### UNE CITATION

**« Je suis orpheline, je n'ai qu'une mère, la France. Et cela ne me dérange pas de mourir. »**
Propos attribués à Marcelle Semmer au moment de sa… première exécution ratée.

Après la défaite de 1871, l'Alsace et la Lorraine deviennent des provinces allemandes. Le père de Marcelle choisit alors de quitter sa terre natale et de s'installer dans le Pas-de-Calais. Ses enfants naîtront Français !
Marcelle, ses frères et ses sœurs, se retrouvent donc Français mais aussi très tôt orphelins. Tant bien que mal, ils s'installent en Picardie, dans le petit village d'Éclusier, au bord de la Somme, un fleuve qui va jouer un grand rôle dans la vie de la jeune femme !

## IMAGINEZ SEULEMENT...

À 21 ans, Marcelle ne manque ni d'idées, ni de courage et encore moins de chance. Lorsqu'elle apprend que l'ennemi se rapproche, elle fonce jusqu'au canal, lève le pont de l'écluse et jette la seule clé du mécanisme dans l'eau. Les Allemands, qui arrivent quelques instants plus tard, ne peuvent traverser. Impossible de débloquer l'engrenage. Les soldats fulminent et ouvrent le feu en direction de l'autre rive. Mais il y a longtemps que Marcelle a déguerpi.

Elle est cachée dans les galeries souterraines des carrières de phosphate. Tout le village y est retranché. L'endroit est idéal pour survivre aux bombes mais la faim se fait bientôt sentir ! Il va falloir renouveler les provisions. Marcelle se porte volontaire. De nuit, elle se glisse au-dehors et subtilise tout ce qui lui tombe sous la main : victuailles, bouteilles, pantalons et bougies. Et lorsqu'elle croise des soldats français perdus, elle les remet sur le bon chemin.

Mais voilà, on ne joue pas les voleuses de pommes impunément. Une patrouille allemande finit, une nuit, par la surprendre. Assimilée à une espionne, elle est sur-le-champ condamnée à mort. Alors qu'on va la passer par les armes, un bruit strident d'obus déchire soudain le ciel. Tout le monde se met à l'abri, sauf Marcelle qui prend la poudre d'escampette !

Des combats terribles succèdent à son évasion inespérée. Durant l'offensive, Marcelle se rend une fois de plus utile. Mais alors qu'elle sert de guide à un groupe d'infanterie égaré, elle est de nouveau arrêtée par l'ennemi et condamnée à mort. Elle est enfermée à double tour dans l'église : il n'est pas question de rater son exécution une seconde fois !

Cependant, un obus tombe miraculeusement en plein sur la chapelle et ouvre un passage par lequel Marcelle se glisse, agile comme une anguille. Libre, saine et sauve, elle rejoint les lignes françaises !

En décembre 1914, Marcelle Semmer se voit remettre les insignes de chevalier de la Légion d'honneur et, en août 1915, la croix de guerre lui est accordée.

### ALSACE-LORRAINE

**En mai 1871, le gouvernement français signe le traité de paix de Francfort, imposé par l'Allemagne. La France, outre une rançon importante à payer, doit céder l'Alsace et une partie de la Lorraine. Ces provinces seront récupérées par la France en 1919. L'Alsace et la Lorraine correspondent aux départements actuels de la Moselle, du Bas-Rhin et du Haut-Rhin.**

# MABEL ST CLAIR STOBART

**(1862-1954)**

**L'INTRÉPIDE VOYAGEUSE**

## LES BALKANS

**Lorsque la Première Guerre mondiale éclate, la Bulgarie et la Turquie sont alliées de la Triple Alliance, contrairement à la Serbie, qui devient l'alliée de la Triple Entente. Ces pays luttent les uns contre les autres à travers leur système d'alliance. En 1915, la Serbie est terrassée par une attaque commune de l'Autriche, de l'Allemagne et de la Bulgarie. La retraite serbe à travers le Monténégro et l'Albanie est une longue et cruelle épreuve pour les soldats.**

Mabel est née dans une famille aisée et paisible du Sussex en Angleterre. Pourtant, elle aspire à une existence voyageuse. Quand la guerre éclate, à 50 ans passés, elle décide de créer des dispensaires d'urgence itinérants. Dès août 1914, Mabel monte un hôpital volant en Belgique avant d'être faite prisonnière avec toute son équipe. Relâchés, ils retrouvent le sol anglais après avoir traversé la Hollande. Ils ont eu chaud ! Cette aventure n'empêche pas Mabel de repartir pour un tour : elle ne sait pas qu'une entreprise bien plus périlleuse encore l'attend.

## IMAGINEZ SEULEMENT…

Avec plusieurs médecins et infirmières, elle ouvre son hôpital mobile de 60 tentes démontables sur le front serbe. Mais bientôt l'Allemagne, l'Autriche-Hongrie et la Bulgarie lancent une attaque de grande ampleur. Mabel reçoit alors l'ordre d'évacuer son équipe. Comme l'armée alliée ne pourra pas couvrir leur retraite vers la mer, ils devront se débrouiller. La neige s'acharne déjà, puis la pluie prend le relais. Les chariots s'enlisent, les animaux trébuchent, le convoi ne progresse plus qu'à grand-peine. Un pont se profile. Des unités militaires s'y trouvent déjà. On se bagarre pour savoir qui passera le premier ce goulet d'étranglement. On en vient presqu'aux mains. Finalement, on donne à la colonne de Mabel le droit d'ouvrir la marche. Tout le monde s'ébranle en silence. On entend seulement les meneurs de bœufs encourager les bêtes en criant de temps à autre : « Torrai ! Chavai ! ». Les bords des chemins sont jonchés de cadavres de chevaux et de bœufs. La boue est partout, insupportable. Les bottes de Mabel sont tellement gelées qu'elle doit les chauffer près du feu pour pouvoir les enfiler. Enfin, les premiers sommets enneigés apparaissent. D'un commun accord, le matériel médical et la plupart des tentes du dispensaire sont abandonnés à l'hôpital de la ville désertée de Pech. Il faut s'alléger le plus possible avant d'affronter l'ascension des montagnes du Monténégro et d'Albanie. Le voyage dure déjà depuis plusieurs semaines, la troupe est épuisée. Un matin, Mabel et son poney glissent sur la glace. Ils font un vol plané mémorable et se retrouvent l'un en face de l'autre chacun en un seul morceau. Elle aurait presque envie de rire ! Comme si de rien n'était, elle remonte à cheval et reprend sa place dans la colonne qui progresse pas à pas. Plus d'une fois elle fait face et surmonte les difficultés.

Après dix semaines de doutes, d'épreuves et de souffrances, Mabel et son équipe arrivent enfin à Scutari, sur la côte albanaise. Ça tient du miracle : personne ne manque à l'appel. Tous ont fait preuve de courage, d'abnégation et de solidarité. Les bateaux sont au rendez-vous. Mabel et ses compagnons s'embarquent pour l'Angleterre.

### TRIPLE ENTENTE

**Nom donné à l'alliance entre la France, la Russie et l'Angleterre.**

### TRIPLE ALLIANCE (OU TRIPLICE)

**Nom donné à l'alliance entre l'Allemagne, l'Autriche-Hongrie et l'Italie. Lorsque la guerre éclate en 1914, l'Italie, qui jusque-là était alliée de la Triplice, décide de rester neutre avant de s'engager auprès de la Triple Entente, qui, en échange, lui consent des concessions territoriales en cas de victoire. Les opérations italiennes resteront limitées à un front qui les oppose, la plupart du temps, à l'Autriche-Hongrie.**

# JEANNE-YVES BLANC

**(1886 - 1970)**

**MARRAINE-POÈTE DE GUERRE**

### MARRAINE DE GUERRE

**C'est une invention de Marguerite de Lens qui, en 1915, fonde la première association de marraines de guerre. Ces bénévoles s'engagent à soutenir un poilu des tranchées et à en faire leur filleul. Leur rôle consiste à lui écrire le plus souvent possible et, dès qu'elles le peuvent, à lui envoyer des colis de nourriture, de vêtements ou de livres.**

Jeanne Burgues-Brun, de son vrai nom, est charentaise de naissance mais montpelliéraine de cœur. Elle est romancière et surtout poète. En 1915, elle a 29 ans. Elle décide de mettre sa plume au service des soldats et cherche à être marraine de guerre. C'est alors que son ami Émile Léonard, en garnison à Nîmes, parle à Jeanne d'un de ses camarades de régiment. Il est convaincu que leur échange épistolaire fera des étincelles.

## IMAGINEZ SEULEMENT…

Jeanne devient la marraine d'un filleul hors du commun. Comme elle, il écrit, comme elle, il est poète… mais quel poète ! C'est Guillaume Apollinaire, l'auteur du *Pont Mirabeau*, ce poème révolutionnaire sans virgules, sans points à la ligne.

Guillaume est aussi très gourmand. La seule pensée d'un baba au rhum ou d'un éclair au chocolat lui rend la pitance de la cantine insupportable. Pour oublier, et parce que c'est ce qu'il aime par-dessus tout, il écrit beaucoup. Ça lui change les idées. Les lettres de Jeanne l'enchantent et il ne manque pas d'y répondre. Il lui dédie des poèmes, comme *Pour Y. B.* qui commence ainsi :

*Bien qu'il me vienne en août votre quatrain d'avril*
*M'a gardé de tout mal et de toute blessure*
*Votre douceur me suit durant mon aventure*
*Au long de cet an sombre ainsi que fut l'an mil*

Le 17 mars 1916, le brigadier Apollinaire est blessé à la tête par un éclat d'obus. Le 26 mars, il dicte à son infirmier une demande à Jeanne : « Écrivez-moi vite et faites s'il vous plaît un petit poème sur mon casque qui s'est laissé percer pour me sauver la vie. » Sur le même ton badin, Jeanne lui répond par quelques vers :

*Sur le casque qui préserva du trépas*
*Le porte-lyre Guillaume Apollinaire […]*
*Voyant la mort venir, humble héros fervent*
*Il se laisse percer pour sauver un poète.*

Trépané, rapatrié à l'arrière, Guillaume n'en est pas pour autant démobilisé. Il est muté au ministère de la Guerre. S'il lui arrive d'avoir maintenant quelques sautes d'humeur, il garde tout son sens de l'humour. De la grippe espagnole qui fait rage, il fait une *maladie à la mode*. Cette maladie dont il se moque a pourtant le dernier mot. Guillaume en meurt le 9 novembre 1918, deux jours avant l'armistice.

Jeanne et Guillaume ont continué de s'écrire jusqu'à la mort du poète. Toute sa vie, elle a entretenu la flamme de son ami. En 1948, les lettres qu'Apollinaire lui adressa du front furent publiées sous le titre *Lettres à sa marraine*.

## AU SECTEUR 6 MAI 1915

*Au secteur*
*cinquante-neuvième*
*On reçoit les colis*
*Romans quels qu'ils*
*soient je les aime*
*Policiers, voleurs*
*je les lis*
*Mais surtout romans*
*d'aventures*
*Pas de romans*
*d'amour*
*Il faut des coups*
*et des blessures*
*Comme on en voit ici*
*chaque jour*
**[…]**

**Guillaume Apollinaire**

# WINIFRED CARRICK
# EMMA BUJARDET

**(1890-1919) – (1857-1917)**

**FEMMES DE PIERRE**

### MONUMENTS AUX MORTS

**Monument érigé pour honorer et commémorer les soldats tués ou disparus pendant une guerre. Plus de 36 000 monuments aux morts sont construits en France dans les années vingt.**

À la fin d'une guerre qui a marqué profondément les soldats mais aussi les civils, on voit fleurir des monuments aux morts dans toutes les villes et jusque dans les plus petits villages.
Emma est française, Winifred, anglaise. La première est une mère au foyer d'une cinquantaine d'années ; la seconde, une jeune fille engagée. Elles n'ont rien en commun… ou plutôt si : elles sont les très rares femmes à figurer sur ces sculptures commémoratives que sont les monuments aux morts.

## IMAGINEZ SEULEMENT...

En Grande-Bretagne, on peut lire sur le côté du monument aux morts de Haydon Bridge l'inscription suivante : « Winifred Carrick – Nurse V.A.B. ».

Winifred a exercé son métier d'infirmière pendant la guerre en France et en Angleterre. Dévouée et consciencieuse, elle est effarée par l'effroyable état dans lequel les soldats blessés arrivent. À bout physiquement et nerveusement, elle donne sa démission au sortir de la guerre. En juin 1919, elle est hospitalisée pour une rougeole dont elle guérit, mais, le 24 du même mois, des témoins impuissants la voient se jeter sous un train. Ses parents se démènent alors pour faire admettre que leur Winifred est morte à cause de la guerre. Selon eux, son nom doit figurer sur un monument aux morts, aux côtés de ceux qui se sont battus. Monsieur et Madame Carrick finissent par gagner la bataille et le nom de leur fille est gravé dans la pierre en tant que victime de guerre, au même titre que les soldats britanniques.

De l'autre côté de la Manche, sur le monument aux morts de La Forêt-du-Temple, a été gravée dans le granite cette étonnante épitaphe : « Emma Bujardet, morte de chagrin. 1917. »

Emma a perdu ses fils Fernand, en 1915, René en 1916, Maurice en 1917, et son neveu Marcel, en 1915. On serait morte de chagrin à moins ! Or, le mari d'Emma, Alexandre, qui aimait profondément sa femme, veut faire inscrire son nom auprès de celui de ses fils. Ayant fait fortune dans les produits chimiques, il peut financer en grande partie le monument, établir une rente pour son entretien et le faire inaugurer en 1922. Certaines associations d'anciens combattants crient au sacrilège : Emma n'a pas combattu, qu'on sache ! Une plaque à la mairie serait bien suffisante. Mais le maire de ce petit village de la Creuse tient bon et tout le village derrière lui !

Aujourd'hui, ces noms rappellent que cette guerre fut certes mondiale mais aussi totale, touchant militaires et civils, mères et grand-mères, sœurs, amies, fiancées.

**Très marqué par la guerre, Aristide Maillol sculpta gratuitement quatre monuments aux morts pour les villes de Elne, Céret, Port-Vendres et Banyuls-sur-Mer, sa ville natale. « La douleur » fait partie du monument de Céret. Une belle réplique en bronze est visible à Paris, dans le jardin des Tuileries.**

### ÉPITAPHE

**Inscription d'un nom, de dates ou d'un texte sur une tombe pour rappeler le souvenir d'une personne morte.**

# LES FEMMES DE L'OMBRE

## AUX FEMMES FRANÇAISES

« Aux Femmes de France
« [...]
« Le départ pour l'armée de tous ceux qui peuvent porter les armes laisse les travaux des champs interrompus ; la moisson est inachevée, le temps des vendanges est proche.
« Au nom du Gouvernement de la République, au nom de la Nation, tout entière groupée derrière lui, je fais appel à votre vaillance, à celle des enfants que leur âge seul, et non leur courage, dérobe au combat. Je vous demande de maintenir l'activité des campagnes, de terminer les récoltes de l'année, de préparer celle de l'année prochaine ; vous ne pouvez pas rendre à la Patrie un plus grand service.
« [...]
« Debout donc, Femmes Françaises, jeunes enfants, filles et fils de la Patrie ! Remplacez sur le champ du travail ceux qui sont sur les champs de bataille.
« [...]
« Debout à l'action ! Il y aura demain de la gloire pour tout le monde.
« Vive La République ! Vive La France ! »

## IMAGINEZ SEULEMENT...

Le 7 août 1914, René Viviani*, président du Conseil, fait appel aux femmes pour qu'elles achèvent la moisson et poursuivent les travaux agricoles dès l'automne. Le travail repose sur les 3,2 millions d'agricultrices, ouvrières agricoles ou femmes d'exploitant. Les femmes deviennent maréchaux-ferrants, gardes champêtres, boulangères. Les voilà qui dirigent la main-d'œuvre, manœuvrent la moissonneuse mécanique, rentrent les foins, labourent et vendent les récoltes. Pour laisser le moins possible de terres en friche, les paysannes redoublent d'efforts. La réquisition des animaux de trait, chevaux et bœufs, ne facilite pas les choses, mais elles ont du cœur à revendre !

Les femmes investissent aussi le monde des transports. Si, avant la guerre, elles exerçaient le métier de gardes-barrières et de receveuses de guichets, à partir de 1914, elles deviennent contrôleurs, porteurs de bagages et même conductrices de locomotive. Mais, au fur et à mesure du durcissement de la guerre, elles se voient confier des tâches de plus en plus ingrates, comme le déchargement de wagons de marchandises.

Dans les tramways parisiens, vêtues d'un costume sombre et d'un calot, la sacoche en bandoulière, elles perçoivent le prix des trajets, sautent en marche à chaque changement de direction pour manier la barre de fer qui fait basculer l'aiguille. Les conductrices reçoivent, tout au plus, une formation de huit jours.

Si beaucoup femmes se retrouvent munitionnettes, d'autres, plus instruites, viennent prêter main-forte aux quelques enseignantes déjà en poste. Ainsi, 12 000 institutrices se voient pour la première fois enseigner à des garçons. Certaines se consacrent à la rééducation des invalides de guerre en mettant au point, par exemple, une méthode d'apprentissage d'écriture de la main gauche pour les amputés du bras droit.

À l'arrière, les femmes remplacent les hommes au pied levé dans les bureaux et reprennent commerces et restaurants. La Mère Poulard, cuisinière mondialement connue pour son omelette baveuse, est une des premières femmes à gérer sa propre entreprise.

Suivant au plus près les déplacements des régiments, le service national de l'intendance assure chaque jour l'alimentation de plus de trois millions de soldats. Cela consiste quotidiennement à acheter, à transporter, à préparer au moins 3 000 à 4000 tonnes de denrées diverses : viandes, farine, riz, café, sucre, chocolat, alcools, matières grasses... et l'orge et l'avoine qui servent à nourrir les centaines de millions de chevaux réquisitionnés. Ce sont les cantinières qui se chargent des repas. Sous l'égide de la Croix rouge, Madame Berthoulat, par exemple, installe en 1914 la première cantine de gare à Aubervilliers, qui offre aux soldats des boissons chaudes, des sandwichs et des cigarettes.

Il ne faut pas croire que seules les femmes qui exerçaient un métier ont fait preuve de courage, d'abnégation et d'imagination tout au long du conflit. Beaucoup d'autres, qui n'avaient pas besoin de travailler pour vivre, ont retroussé leurs manches, ont mis leur fortune, leur énergie, leur notoriété à la disposition du pays. La duchesse d'Uzès, première femme à avoir reçu une contravention pour excès de vitesse (15 km/h au lieu des 12 km/h maximum autorisés), transforme son château de Bonnelles en hôpital militaire. Jeanne de l'Épinais, qui œuvre comme infirmière dans la Meuse, est mortellement blessée le 4 septembre 1917. Marie de Croÿ contribue à mettre sur pied un réseau d'espionnage franco-belge aux côtés d'Edith Cavell et est condamnée à dix ans de travaux forcés par la cour militaire allemande. Mademoiselle de Lens invente le concept de marraine de guerre. La baronne de Laumont, grâce à sa fabrique de poupées en costume régional, remplit un double but caritatif : elle donne du travail à des couturières qui assemblent les textiles de récupération et redistribue le bénéfice des ventes aux orphelinats.

Toutes ces femmes, quel que soit leur rôle, leur métier ou leur position sociale, toutes restent d'abord celles qui voient partir au front un mari, un père, un fils, un cousin, un ami. À la fin du conflit, on comptera en France environ 600 000 veuves, 760 000 orphelins et 1,4 million de familles éprouvées, de quoi marquer durablement le pays émotionnellement, socialement et économiquement.

# PETIT INDEX DES MESSIEURS

**Annunzio, Gabriele D' (1863-1938) :** écrivain et poète italien, il milite dès le début de la guerre en faveur de l'entrée en guerre de l'Italie dans le camp allié. Il s'engage volontairement dans l'aviation et perd l'usage d'un œil dans un accident de vol. En août 1918, il parcourt plus de mille kilomètres avec son compagnon de vol Aldo Finzi pour larguer au-dessus de Vienne des prospectus qui disaient : « Viennois ! Apprenez à connaître les Italiens. [...] Nous pourrions larguer des tonnes de bombes. Nous ne vous lançons qu'un salut tricolore : les trois couleurs de la liberté. Nous autres Italiens ne faisons pas la guerre aux enfants, aux vieillards et aux femmes. Nous faisons la guerre à votre gouvernement, ennemi de la liberté des nations, (...). »

**Apollinaire, Guillaume (1880-1918) :** né en Italie, sujet polonais de l'Empire russe, Guillaume Kostrowitzki commence à publier en France et prend pour pseudonyme Apollinaire, d'après le prénom de son grand-père maternel, Apollinaris, qui rappelle Apollon, dieu de la poésie. Ami de Picasso et des peintres de son époque, il invente une poésie sans rimes ni ponctuation. Lorsque la guerre éclate en 1914, il n'attend pas d'être naturalisé français pour s'engager. En mars 1916, il est blessé à la tempe par un éclat d'obus. Affaibli par sa blessure, il est emporté par la grippe espagnole, le 9 novembre 1918, jour de l'abdication de l'empereur allemand Guillaume II.

**Barrès, Maurice (1862-1923) :** homme politique et écrivain, Barrès est hanté comme beaucoup d'hommes de sa génération par la défaite de 1871. Il n'a de cesse d'avertir ses compatriotes de l'imminence d'une grande épreuve guerrière. Durant la Première Guerre mondiale, trop âgé pour être mobilisé, il met entièrement sa plume au service de l'Union sacrée. Nombre de ses articles sont réunis dans *Chronique de la Grande Guerre*, 1920-1924.

**Briand, Aristide (1862-1932) :** avocat de formation, homme de gauche, Briand mène une carrière d'homme politique énergique. Vingt-deux fois ministre, dix fois président du Conseil, il joue un rôle essentiel pendant la bataille de Verdun. Entre 1915 et 1917, il est le promoteur de l'ouverture du front des Balkans. Cependant, il est combattu avec acharnement par Clemenceau et quitte le gouvernement en mars 1917. Ce n'est qu'après la Première Guerre mondiale qu'il retrouvera un rôle essentiel dans les relations internationales. En 1926, il reçoit le Prix Nobel de la paix pour son action en faveur de la réconciliation entre la France et l'Allemagne (Accords de Locarno, 1925).

**Clemenceau, Georges (1841-1829) :** pendant la Grande Guerre, Clemenceau, patriote intransigeant, dénonce les « défaitistes ». Rappelé au gouvernement à 76 ans, par le président de la République Raymond Poincaré, il devient président du Conseil de 1917 à 1920. Surnommé « *Le père de la Victoire* », grâce à ses capacités à animer l'effort de guerre et à sa volonté de vaincre, il est un des signataires du Traité de Versailles.

**Cocteau, Jean (1889-1963) :** poète, dessinateur, dramaturge et cinéaste français. Réformé, Cocteau décide néanmoins de participer à la guerre et s'engage dans la Croix-Rouge en 1914. En 1915, il est ambulancier auprès d'une unité de fusiliers marins sur le front de Nieuport. Démobilisé pour raison de santé, il est de retour à Paris en 1916, et détaché au service de propagande du ministère des Affaires étrangères. Sur la guerre de 14, il écrira l'un de ses meilleurs romans, *Thomas l'Imposteur*.

**Foch, Ferdinand (1851-1929) :** maréchal de France, de Grande-Bretagne et de Pologne. Prônant l'offensive à tout crin, Foch dut gérer la retraite de la Marne, alors qu'il venait à peine d'être nommé à son poste. Il aurait eu alors ces mots restés célèbres : « Pressé fortement sur ma droite, mon centre cède, impossible de me mouvoir, situation excellente, j'attaque. » Il fut nommé en 1918, commandant en chef des forces alliées sur le front de l'Ouest et fit partie des signataires alliés de l'armistice conclu dans la clairière de Rethondes.

**Gallieni, Joseph (1849-1916) :** sorti de l'École de Saint-Cyr en 1870 et passé par l'École de Guerre en 1888, Gallieni fait presque toute sa carrière militaire aux colonies. Tout juste à la retraite lorsque la guerre éclate le 3 août 1914, il est rappelé malgré son âge et se voit nommé gouverneur du camp retranché de Paris le 26 août. Début septembre, alors que l'armée allemande progresse rapidement, Gallieni, convainc Joffre de lancer une contre-attaque et prend l'initiative de mobiliser les taxis parisiens pour transporter les troupes. C'est le début de la bataille de la Marne. Appelé par Aristide Briand au ministère de la Guerre l'année suivante, il tombe gravement malade et meurt peu de temps après. Il est fait Maréchal de France à titre posthume.

**George V (1865-1936) :** roi du Royaume-Uni et des dominions britanniques, George V est aussi empereur des Indes. Petit-fils de la reine Victoria et cousin du tsar Nicolas II de Russie et de l'empereur Guillaume II d'Allemagne, George V renonce, en 1916, à tous ses titres allemands et change le nom de famille royale Saxe-Cobourg-Gotha, à consonance allemande, en celui de Windsor.

**Guillaume II (1859-1941) :** il fut le dernier empereur allemand et le dernier roi de Prusse. Voyant qu'il ne pouvait briser diplomatiquement l'encerclement de l'Allemagne, Guillaume II augmenta les effectifs de son armée par les lois militaires de 1913. Sa politique agressive envers la France et l'Angleterre contribua au déclenchement de la Première Guerre mondiale en août 1914. Renversé en 1918, il abdiqua le 9 novembre.

**Joffre, Joseph (1852-1931) :** spécialiste des fortifications, Joffre servit avant la Première Guerre mondiale au Tonkin, au Soudan et à Madagascar. Il est un des artisans de la victoire alliée de la bataille de la Marne en 1914 et contribue à la stabilisation du front nord. En 1915, nommé commandant en chef des armées françaises, Joffre voit son prestige atteint par l'échec de la bataille de la Somme. Il est alors nommé conseiller technique du gouvernement pour la conduite de la guerre, ce qui le prive de son autorité effective sur les armées. Préférant démissionner, il est remplacé par le général Nivelle. Fait Maréchal de France, il est élu à l'Académie française en 1918.

**Kipling, Rudyard (1865-1936) :** auteur du *Livre de la jungle* (1894), Kipling est aussi connu pour ses poèmes, *Tu seras un homme, mon fils* (1910), et ses nouvelles, dont *L'Homme qui voulait être Roi* (1888). En 1907, il reçoit le prix Nobel de littérature. Durant la guerre, Kipling est durement frappé par la mort, à la bataille de Loos en 1915, de son fils Jack Kipling pris en photo par Christina Broom. Cette tragédie poussa Kipling à rejoindre la Commission impériale des sépultures militaires, responsable des cimetières de guerre anglais. C'est lui qui rédigea la formule qui figure sur la tombe des soldats inconnus britanniques : *Known unto God* (« Connu de Dieu »). Il composa aussi une nouvelle émouvante intitulée *Le Jardinier* qui raconte des visites dans les cimetières de guerre.

**Nicolas II (1868-1918) :** Nicolas II est Tsar de toutes les Russies de 1894 jusqu'à son abdication, en 1917. L'engrenage des alliances conduit la Russie à entrer dans la Première Guerre mondiale aux côtés de la France et du Royaume-Uni. Nicolas II doit aussi faire face à une extrême agitation politique dans son pays. La révolution russe de 1917 met fin à son règne. Les bolcheviks prennent le pouvoir. Il est emprisonné avec sa famille. Tous sont assassinés dans la nuit du 16 au 17 juillet 1918.

**Pétain, Philippe (1856-1951) :** sorti de l'École de Saint-Cyr et élève de l'École de Guerre, Pétain tient un rôle important au cours de la Première Guerre mondiale. Surnommé le « vainqueur de la bataille de Verdun », il est aussi l'artisan du redressement du moral des troupes après les mutineries de 1917. Nommé commandant en chef des forces françaises, Pétain est fait maréchal de France dès novembre 1918.

**Poincaré, Raymond (1860-1934) :** élu, le 17 janvier 1913, président de la République, Poincaré soutient la loi portant le service militaire à trois ans. Après le début des hostilités avec l'Allemagne, il est largement soutenu par les Français et n'hésite pas à aller soutenir le moral des troupes sur le front. Les difficultés militaires et politiques l'obligent, fin 1917, à confier la direction du gouvernement à son vieil adversaire, Georges Clemenceau.

**Rintintin :** en 1918, l'aviateur américain, Lee Duncan, découvre dans le village bombardé de Flirey (54), une chienne berger allemand et ses 5 chiots. Il sauve la famille et garde deux chiots, Nénette et Rintintin en hommage aux poupées de laine porte-bonheur. Il rentre en Californie avec ses deux mascottes. Nénette meurt pendant la traversée par bateau mais Rintintin survit et devient bientôt une grande vedette de cinéma. Il jouera dans pas moins de 26 films pour la Warner et amorcera la célèbre série télévisée *Rintintin*, l'ami du jeune Rusty. Ramené en France par son maître après sa mort, Rintintin est enterré au cimetière animalier d'Asnières.

**Viviani, René (1862-1925) :** député de la Seine puis de la Creuse, Viviani est cofondateur du journal *L'Humanité* avec Jean Jaurès. Président du Conseil en 1914, il ordonne, le 1er août, la mobilisation générale puis annonce l'entrée en guerre de la France à la Chambre. Il se retire en octobre 1915 laissant la place à Aristide Briand. En 1917, il se rend aux États-Unis, avec le maréchal Joffre, afin d'obtenir leur entrée en guerre. Il est mis à l'écart du gouvernement par Clemenceau en novembre 1917.

**Wilson, Thomas Woodrow (1856-1924) :** élu président des États-Unis en 1913, il est réélu en 1916. Appuyé par l'unanimité des Américains, Wilson proclame tout d'abord la neutralité des États-Unis. En 1916, sa campagne électorale se fait même sous le slogan « Il nous a préservé de la guerre ! » Cependant, après plus de trente mois de conflit, les États-Unis se rangent aux côtés des alliés. Une des raisons évoquées est la résolution de l'Allemagne à mener la guerre sous-marine totale (1er février 1917). Wilson conduit la guerre énergiquement. On lui doit la rédaction des *Quatorze points*, où il défend notamment le droit des peuples à disposer d'eux-mêmes.

# QUELQUES REPÈRES CHRONOLOGIQUES

**28 JUIN 1914 :**
Assassinat de l'archiduc François-Ferdinand, prince héritier du trône austro-hongrois, à Sarajevo (Bosnie-Herzégovine).

**1ER AOÛT 1914 :**
Mobilisation générale en France.

**2 AOÛT 1914 :**
Appel aux femmes françaises à remplacer sur le lieu du travail les hommes mobilisés.

**3 AOÛT 1914 :**
L'Allemagne déclare la guerre à la France.

**6 SEPTEMBRE 1914 :**
Départ des taxis pour la Marne. Bataille de la Marne.

**1915 :**
Construction des usines Citroën destinées à la fabrication des obus.

**1915 :**
Création de la première association des Marraines de guerre.

**FÉVRIER 1915 – JANVIER 1916 :**
Bataille de Gallipoli.

**17 JUIN 1915 :**
Devant la gravité des blessures à la tête, on décide de fournir des casques aux soldats.

**12 OCTOBRE 1915 :**
Exécution d'Edith Cavell par les Allemands.

**21 FÉVRIER-19 DÉCEMBRE 1916 :**
Bataille de Verdun.

**1ER JUILLET-18 NOVEMBRE 1916 :**
Bataille de la Somme.

**27 AOÛT 1916 :**
Entrée en guerre de la Roumanie.

**MARS 1917 :**
Abdication du tsar de Russie, Nicolas II.

**6 AVRIL 1917 :**
Entrée en guerre des États-Unis.

**6 AOÛT-8 SEPTEMBRE 1917 :**
Bataille de Mărăşeşti. L'armée roumaine bat l'armée allemande.

**15 OCTOBRE 1917 :**
Exécution de Mata Hari, par les Alliés.

**6-7 NOVEMBRE 1917 :**
Les bolcheviks s'emparent du pouvoir. La Russie devient communiste.

**10 DÉCEMBRE 1917 :**
Le Comité international de la Croix-Rouge reçoit le prix Nobel de la paix à Oslo.

**FIN 1917 :**
Ouverture du *Studio for Portrait Masks* pour les Gueules cassées.

**29 MARS 1918 :**
Un canon à longue portée (improprement appelé la Grosse Bertha) bombarde Paris.

**JUILLET 1918 :**
Début de l'épidémie de grippe espagnole en France.

**11 NOVEMBRE 1918 :**
Signature de l'armistice de Rethondes, en forêt de Compiègne, qui met fin au conflit au profit de l'Entente.

**15 JANVIER 1918 :**
Assassinat de Rosa Luxemburg.

**25 JANVIER 1919 :**
André Citroën annonce la transformation de son usine de munitions et d'obus en usine automobile.

ISBN : 9791021402577
Dépôt légal : Septembre 2014
Imprimé en Europe
Loi n° 49-956 du 16 juillet 1949 sur les publications destinées à la jeunesse.